鈴木智之

顔の剥奪

文学から〈他者のあやうさ〉を読む

青弓社

顔の剝奪——文学から〈他者のあやうさ〉を読む／目次

序　章　顔をなくした者たちの物語　9
1　共在の器官としての顔　9
2　顔を見つめる動物　13
3　顔を失うということ　18
4　顔が現れないということ　22
5　顔をなくした者たちの物語を読む　25
第1章　顔の剝奪――探偵小説と死者の表象　30
1　手がかりの束としての死者＝死体　31
2　顔への悪意　37

3　死者の身元をすりかえる　48
4　表象の闘争　51
5　他者の表象としての死者　59
6　二重の暴力とそのアレゴリー　66

第2章　剝離する顔　74

——村上春樹『国境の南、太陽の西』における「砂漠の生」の相貌

1　空虚な「顔」　75
2　取り返しがつかないこと——時間とその不可逆性をめぐる物語　78
3　砂漠の生——はかなさと酷薄さ　81
4　このあまりにも偶発的な生　88
5　運命の恋、あるいは物語の起源　93
6　「私は悪をなしうる存在である」　95
7　人と人のあいだに現れる顔　100

8　剥離する顔　102

第3章　異邦の顔——多和田葉子「ペルソナ」における他者の現れ（なさ）　105

1　顔——見えざるものの現出としての　106
2　顔の現れ（なさ）をめぐる物語　109
3　「入植者」たち、あるいは「ゲットー」の住人」　121
4　コロニアルな欲望とレイシアルな想像力　124
5　面を被る、ということ　127
6　顔をなくしたまま歩行を続ける　133

第4章　引き裂かれた顔の記憶——林京子「道」における死者の現れ　138

1　死者に出会うということ／死を書くということ　139
2　最期の姿を求めて――「道」（一九七六年）　143
3　証言の分裂――企ての破綻　147
4　記憶から記憶へ――「道」での語りの重層と移行　150
5　顔を奪われた死者たち　156
6　引き裂かれた顔の記憶　160
7　事実を知るということ／死者の顔に出会うということ　163

第5章　顔の回復――他者の現れを待ち続ける探偵としてのメグレ　167

1　『メグレと首無し死体』　168
2　定型からの逸脱　171
3　「法医学」のまなざし　対　「ハビトゥス」の解読　173
4　表情がない女　178

5 「顔」の現れ 184
6 越境する人間 186
7 「顔」の回復＝物語の回復 191

おわりに――**脆弱な顔をさらしながら** 195

あとがき 201

装丁――Malpu Design［清水良洋］

序章　顔をなくした者たちの物語

〈他者〉はその顔において公現し、この顔は私に訴えかける。

（エマニュエル・レヴィナス『全体性と無限』(1)）

1　共在の器官としての顔

はじめに顔が現れる。

そこに、一つの始まりがあるように思われる。

私の前に顔が見えるとき、私はすでに、私をまなざすことができる何者かの存在を認めている。

そして、何らかの形で、この何者かに応えなければならないことを知っている。ここから、「関係」は生起する。

もちろん、いまや私たちは、電話やメールを通じて、一度も顔を見合わせたことがない他者たちとも平気で付き合うことができる。しかし、実際に会って、互いに面と向かってやりとりをすることと、顔が見えないままにコミュニケーションをおこなうこととは、やはり質を異にする。相手についてどれだけ多くの情報をもっているとしても、顔を見るまではわからないことがある。逆に、どれほどわずかなことしか知らなくても、顔を見れば大事なことがわかってしまうということもある。


顔は多くを物語る。その現れが、人と人との交わりの成立を告げる。だから、人を描こうとすれば、あるいは人々のあいだに生じた出来事を伝えようとすれば、顔を語らざるをえない。絵画や写真をはじめとする視覚芸術が「肖像」を重要なジャンルとして発展してきたことは、あらためて確認されるまでもない。そして、文学でも人々の相貌は作品のいたるところに描かれ、物語の始まりを告げ、その展開をしるし、ときにはそれ自体が主題的な位置を獲得する。

例をあげれば切りがないが、さしあたり、二編の小説から抜粋してみる。


私《わたし》が自分に祖父のある事を知ったのは、私の母が産後の病気で死に、その後《ご》ふた月ほどたって、不意に祖父が私の前に現われて来た、その時であった。私の六つの時であった。

ある夕方、私は一人、門の前で遊んでいると、見知らぬ老人がそこへ来て立った。目の落ちくぼんだ、猫背《ねこぜ》のなんとなく見すぼらしい老人だった。私はなんという事なくそれに反感を持った。
老人は笑顔《えがお》を作って何か私に話しかけようとした。しかし私は一種の悪意から、それをはぐらかして下を向いてしまった。釣《つ》り上がった口もと、それを囲んだ深いしわ、変に下品な印象を受けた。「早く行け」私は腹でそう思いながら、なお意固地《いこじ》に下を向いていた。(2)

女の素性は、いわゆる闇の女と言われているもの。この女が有名なのは、年に似合わず肥満しているからで、そのため、ブール・ド・スイフ（脂肪の塊《かたまり》）という渾名《あだな》さえ付いているほどである。小柄な体は、脂肥《あぶらぶと》りで、どこもかしこもまん丸。指など、ぷっくり膨れて、節々だけくびれているところは、短いソーセージを数珠つなぎにしたよう。皮膚は張りきり、つやつやしているし、乳房の大きいことといったら、服がはち切れそうである。それでも男がつく一方なのは、そのみずみずしい肌《はだ》の色が、見るからに快いからであろう。顔は、これまた赤い林檎《りんご》か、ほころびかけた牡丹《ぼたん》の蕾《つぼみ》か。その顔の上部には、見事な黒い眼が、二つ、ぱっと開き、密生した長い睫毛《まつげ》が瞳《ひとみ》に陰を落している。その下のほうに、接吻《せっぷん》には誂《あつら》え向きの、濡《ぬ》れた、魅惑的な、小さくしまった口。内には、まっ白い、小粒の歯がしまってある。(3)

前者は、志賀直哉の『暗夜行路』の冒頭。後者は、ギ・ド・モーパッサンの『脂肪の塊』の始まり近くの一節である。物語の核心に関わる人物の登場の場面で、その顔の描写に――体つきや身のこなしや身なりにまで及びながらではあるが――多くの言葉が費やされている。『暗夜行路』では、語り手の「祖父」だとされる「なんとなく見すぼらしい」老人が、笑顔を浮かべて話しかけようとしているが、その「下品な印象」に反感を覚えた「私」は、下を向いて視線をそらそうとしている。他方『脂肪の塊』では、進駐したプロシア軍の統治下にあるルーアンの町で「娼婦」として生きている「脂肥り」の女が、にもかかわらず、その「みずみずしい肌」と「魅惑的」な顔立ちによって、男たちを惹き付けている。いずれも、読者にはまだ何者とも知られていない――少なくとも、その履歴や登場の経緯はまだ語られていない――段階にありながら、その顔にまなざしが向けられ、細部の作りや全体の印象が語られることによって、すでにそれぞれの人物は確かな存在感をもって、この小説空間のなかに存在している。そして、彼らの登場によって、そこに物語が始まろうとしているということが、読者にも確実に予感される。顔とともに人は現れ、そして世界は動き始めるのである。

もちろんそれは、虚構の物語のなかだけの話ではない。

現実の世界でも、私たちは顔に出会い、これにまなざしを向けながら、社会生活を営んでいる。いま、私の目の前にある者はいったい誰なのか。その人はいまどんな気分で、何をしようとしているのか。その人の目に私はどのような存在として映っていて、何を求められているのか。私は他者の顔のなかにそれらを読み取り、これに応じて自分がどのように振る舞うべきであるかを判断する。

このとき、顔は解消しがたい二面性をもって私の前に現れている。私がそこに見ているものは、目や鼻や口といったパーツからなる身体的な部位の集合体であり、そのかぎりでは物質的対象として記述可能な「客体」である。しかし、同時に、何かをまなざし、何かに迫り、恐れ、欲し、何かを感じている他の「主体」がそこに存在している。顔の現れとともに、私は、私ではない別の誰かが訪れたことを知る。顔には、その誰かの「主観的」な現実、その人の思い、感情、感覚、態度、意志などと呼ばれるものが表れている。顔は他の主体の出現のしるしであり、私の世界のなかに他者の内面が露出する不思議な回路でもある。

だから私たちは、相手の顔を注視する。顔を見せ合い、見合いながら、互いの態度を推し測る。笑顔には笑顔を返し、泣き顔には手を差し伸べ、怒りのまなざしを困惑の表情で受け止めたりする。顔は、人々が相互作用に加わり、その場面にふさわしい秩序を実現していくためのきっかけである。それは、適切な行為を選択するための手がかりであり、その行為の最初の一歩（としての表情）が現れる場所でもある。顔とともに、「私」と「あなた」はそれぞれ何者かとなり、特定の社会的場面を構成する主体となる。

このように、人と人がともにあるということが、顔の現れに基礎づけられている。顔は共在の器官なのである。

2　顔を見つめる動物

私たちは、しきりと他者の顔を気にしながら生きている。しかし、顔が現れるということの不思議さをめったに考えることがない。私が他者と「対面している」ということそれ自体には、ほとんどど思いをめぐらせていない。

それは、顔を見るという私たちの力、他者の前に顔を差し出すという力が生得的に与えられていて、生まれ落ちるとすぐに「顔と顔のやりとり」を始めてしまうからなのかもしれない。認知の発達に関する心理学的な研究によれば、人間の子どもは、目が開いたばかりの時点ですでに顔（の形をしたもの）を注視する能力を備えている。そして、それを見るという経験が累積して十一時間から十二時間たつと、母親の顔を見分け、好んで目で追うようになる。

他方で、人間の子どもには、新生児模倣と呼ばれる表情模倣があることが知られている。目の前の人間が唇をすぼめると、赤ちゃんも舌を出したり、唇をすぼめたりする。こうした一連の事実は、顔に着目し、識別し、他者の顔の動きに合わせて、自分の顔（表情）を作る力が、生得的に備わっているということを示している。(4)

人類学や比較認知科学の知見によれば、互いの顔を見て多くの情報を獲得し、顔を見せながら相互作用を実現していく作法は、ヒトとその近縁の霊長類たちが進化の過程で獲得した貴重な能力である。もちろん、そのほかの多くの動物たちにとっても、顔はほかの個体や生命体にシグナルを送るための重要な器官の一つである。雄鶏は首の後ろの羽を逆立てながら低くかがんで、ほかの雄鶏との闘争の姿勢に入っていく。敵対するものを前にした獣たちは、しばしば牙をむき、低い声でうなったり、甲高い声を発したりする。多くの動物たちにとって、顔は（その表情は）、個体が次にどのような行動をとろうとしているのかを知らせる信号であり、その意味ではやはり「態度」が現れる場所である。しかし、互いに顔を向け合って、目と目を見つめ合って、そこから何かを察し合うようなコミュニケーションは、特殊な進化を遂げた一部の生物たちだけの振る舞いである。

例えば、ニホンザルは長い時間まなざしを交わすような行動をとることはない。しかし、チンパンジーにはすでに見つめ合う文化があるという。そして、ヒトとチンパンジーもまた、互いにまなざしを交わすことができる。

京都大学で霊長類の認知様式の解明に関わってきた松沢哲郎は、チンパンジーのアイと「はじめて会ったときのこと」を、次のように記憶している。

アイは、一九七七年の一一月に京都大学霊長類研究所にやって来た。私は、前年の一二月に研究所の助手として赴任していた。それまで、チンパンジーを間近で見たことはなかった。黒くて大きなサルぐらいに思っていた。どんなのが来たのかな？
初冬の肌寒い日。窓がひとつもない地下の部屋だった。裸電球が天井からひとつポロンとぶら下がっている。そこに小さなチンパンジーがいた。アイは一歳になったばかりだった。
アイの目を見ると、アイもこちらの目をじっと見た。これにはとても驚いた。その前の一年間、ニホンザルと付き合っていて、サルとは目が合わないことを知っていたからだ。サルは、目を見ると「キャッ」と言って逃げるか、「ガッ」と言って怒る。
サルにとって、「見る」というのは「ガンを飛ばす」という意味しかない。それに、見知らぬ人に出会ったニホンザルはまったく落ち着かない。ところがアイは、こちらがじーっと見たら、じーっと見つめ返した。驚きだった。

（略）

はじめて会った日に、これはサルじゃない、ということがよくわかった。目と目で見つめ合うことができる。自発的に真似る。そして、何か心に響くものがある。(5)

目と目が合う、そして、何か心に響くものがある。ここには、人と人が互いに「出会う」という経験の核にあるものが鮮やかに描き取られている。だが、それはどうやら「ヒト」の独占物ではないようだ。実際に、チンパンジーは笑うことができるし、ほほ笑みかけることもできる。また、チンパンジーの子どもにも、新生児模倣が認められる。彼らは、顔を差し出し、その顔から個体を識別し、相互作用を組織していくことができるのである。

しかし、ニホンザルにはこのような能力はない。だから、チンパンジーとニホンザルのあいだにある距離よりも、チンパンジーとヒトのあいだにある隔たりのほうがずっと小さいといえる。人はほとんどチンパンジーであり、チンパンジーはほとんど人である。松沢は、はじめて会ったそのときに、アイは「サルじゃない」ことがわかってしまったのである。

ホミノイドという括り方をしていいのだろうか。ヒトやチンパンジーなどの進化を遂げたサルたちは、顔という繊細な表出器官を媒体として相互作用を組織化していく力を身につけてきた。顔が共在を可能にし、これを方向づけていく器官となるということは、生き物たちがたどってきた長い歴史のなかに生まれた特別な出来事である。

神経生理学者であり、現象学的な視点に立つ身体の哲学者でもあるジョナサン・コールもまた、霊長類の進化が顔の洗練された使用を可能にするにいたったことに驚嘆の声をあげている。「我々が身体の小さな一部を、こんなにも表現豊かで、こんなにも動き、こんなにも外から見えるように、発達させてきたというのは、本当に驚くべきことである[6]」

コールによれば、霊長類に特徴的な「複雑な顔の動作」は、いくつもの複合的な進化の過程がもたらした稀有な能力のたまものである。例えば、哺乳類が体温を保つために、より柔らかな、順応性の高い皮膚を備えるようになったこと。これによって、「唇や頬がより可動的になり[7]」、食物を丸飲みするのではなく、口のなかで入念に咀嚼できるようになった。あるいは、哺乳類の動物たちのあいだでは、嗅覚や触覚に対して視覚が相対的に重要な器官となっていったこと。それにともなって、目はより前方につくようになり、顔はより平らな形状になり、前方を見据えることができるようになった。並行して、前肢の発達が起こり、食べ物を手で小さくちぎることができるようになると、噛み砕くための大きな堅い顎が必要ではなくなっていった。前肢（手）が巧みに使えるようになると、霊長類は後肢だけで立ち上がるようになる。これによって「顔の位置が上がり、より見渡しがきくようになり、さらに目が発達していった」。こうして、「顔はより世界に対して提示されることに――他者からより見られるように――なったのである[8]」。

個体と個体の相互作用のなかで顔がより重要な位置を占めるようになり、これを動かす能力が一層高まっていくと、「顔の語彙」は増えていき、より繊細な情報伝達の媒体となる。進化したサルたちは、顔を通じて個体を識別し、個性に関するずっと洗練された感覚を備えるようになる。こうして、いまや私たちは、顔と顔で向き合い（対面し）、繊細な顔の動き（表情）を通じてコミュニケーションをおこない、そこにかけがえのない個性を備えた他者の現れを見ることができる。そのような社交（社会的相互作用）の組織化の核として、顔は特権的な場所となっていったのである。

だからこそ、もしも顔が見えないとしたら、あるいは顔をうまく提示することができないとしたら、私たちはこの社交の世界のなかにとどまることが著しく困難になる。さもなければ、別様の交流の技法を身につけることが求められる。

3　顔を失うということ

コールが『顔の科学』（一九九八年）で示したのは、何らかの疾患や障害のために、顔を通じての交流がスムーズに成り立たない人々の生活世界のありようだった。例えば、視覚障害のために他者の顔を見ることができない人は、どのようにして人々の性格や感情を感受しているのだろうか。あるいは、「相互注視」や「アイコンタクト」が困難である自閉症の人々は、どのようにして他者と情動の共有を確認するのだろうか。「顔のやりとりにもとづく相互性」の継続に困難を覚える人の語りは、顔というものが単に内面的な状態を伝えるための記号的媒体にとどまるものではなく、人が、ほかの人々のあいだで、ある感情や気分をもって存在することを支える器官でもあることを教える。私がほかの人とともに何かを感じるということが、顔の動きにどれほど深く結び付いているか。メビウス症候群と診断されたジェームズの事例が、それを印象的に伝えている。

メビウス症候群とは、眉を上げる、目をきつく閉じる、目を端へ動かす、ほほ笑む、唇を動かす、といったことができなくなるような神経性の疾患である。患者は、表情が作れなくなり、仮面のような顔になるという。ジェームズには十八歳ぐらいのときから、この症状が現れ始める。表情をうまく作れなくなったジェームズは、「頭のなかで生きよう」と考えるようになる。人と関わることによってではなく、自分の頭のなかで考えたことにしたがって生きようとしてきたのだと彼は語る。そのジェームズにコールはこう問いかける。

「私は、一瞬の微笑みと、一瞬の幸福とを、セットでとらえてきたので、微笑むことのない幸福を想像することができないのです。あなたは今までに、強い喜びや悲しみ、もしくは、こういったもっと微妙な、一瞬だけの気分だとかを、感じることが難しいと思ったことはありますか？　それとも、あなたは、人々の気分を感じ取るのに、身体表現以外の手段を使っているのでしょうか？[9]」

ジェームズは次のように答える。

「私にはたくさん違うことがあるかと思います。でも、私は自分の心や自分の頭の中に閉じ込められているのだと思うのです。私は、幸せだと思う、悲しいと思うことはあるのですが、幸せを感じるとか、悲しみを感じるとかいう言い方はしませんし、実際そういう感情をあまり認識してはいないのです。多分私が名前を付けているそれは（幸福／悲しみというものは）、思考ではなく、感情と呼ばれるものだということに、私はずっと気づかないでいたのだと思うのです。多分私は気分を知性で処理しなくてはならないのです。私の中では、この思考は幸せな思考である、ゆえに私は幸せである、というように処理されているのです(10)」

いささか単純化すれば、ジェームズは「幸せだと思う」ことはあっても「幸せと感じる」ことはない。「悲しいと思う」ことはあっても、「悲しいと感じている」とはいえない。彼にとって、気分とは知的に了解されるべきものであって、おのずから感じ取られるものではない、ということになるだろう。

この意味での感じることの欠落、あるいはその希薄さは、「表情を作れない」ということと強く結び付いているらしい。「感じる」ということは、顔や身体の動きとは別のものとして内面のどこかに生じ、それが顔や身体の運動によって外に伝えられるのではない。顔や動作までも含めて、一続きの身体的な運動として「感じる」という出来事が生じているのである。私は、まずはじめに心のどこかで悲しみ、泣くことでその「悲しみ」を人に教えているのではなく、「泣く」ことによって悲しみ、「笑う」ことによって喜んでいる。「泣き顔」は悲しみの代理的な表出ではなく、泣くことの一部であり、同様に「笑顔」は喜びの表現ではなく、喜ぶことそれ自体である。だから笑うことができない人は喜ぶ力が、泣くことができない人は悲しむ力が弱まっている。

また、顔や体を通じて体験される感情は、直接的に他者の顔や体との共振関係のなかにある。人が笑うとつい笑ってしまう。笑い声につられて自分も楽しくなる。人が泣くと、こっちまで悲しくなる。そうした経験は（ほとんど）誰にでもあることだろう。感じるということが、それ自体顔や身体の運動で起こっていることだから、顔と顔、身体と身体の共鳴関係のなかで、感情は増幅したり縮小したりする。感じるとは身体的な体験であり、そのために、人と人のあいだに起こっていることでもある。

この共振的な関係の結び目にあって、いまや複雑な動きをすることを覚えた顔が機能している。コールに言わせれば、「他者の顔に対する関心とともに、他者に感情を向けること、また、それによって関係性を結ぶということが起こったのである。感情なしに心や意識を想像することは難しく、また、顔の与える社会的で個性的なコミュニケーションなしに、感情を想像することは難しい」[11]。しかし、感情に比べれば、同じ「心」のはたらきのなかでも、「思う」ことや「考える」ことは、相対的に個の意識の内部に閉じようとする傾向がある。言葉として表出されないかぎり、その人が考えていることはわからない、あるいは少なくともわかりにくいものである。

表情を奪われているジェームズには、「思う」ことはできても「感じる」ことが難しい。そのために彼は、人と人の関係に「参加」しているというよりは、いつもそれを「傍観」しているようにとらえている。顔を失ってしまった彼は、人と人のあいだに、人々と情動を共有するものとして内在することができない。それは、彼が十分な「感情的体験」を獲得しがたいということであり、同時に、十全な意味での「社会的存在」となることに困難を覚えているということでもある。その両者は、「顔の現れ」を介して、ひとつながりの出来事としてである。感情を「他人に対して示すことができなければ、完全な社会的存在になることはほとんど不可能であり、社会的な関係性がなければ、内的感情が発達することはない[12]」のである。

4　顔が現れないということ

顔の現れが、人を他者との相互作用の場に押し出すということ。そして、表情と表情との呼応が、感情的な共振関係のうちに人を呼び込んでいくということ。それは、少し見方を変えてみれば、人々が了解可能な意味世界に参入し、互いの行為を通じて物語的なつながりを築いていく際に、顔と顔とのやりとりがこれを下支えする重要な役割を果たしているということである。投げかけられたほほ笑みにほほ笑みで応える。挑発的なまなざしをまっすぐ睨み返す。このとき人は、相手を何らかの文脈のなかに位置づけ（もちろん、誤解している可能性もあるのだが）、意味のある応答をやりとりすることができる存在と見なしている。そして、そこにはすでに何らかの物語（恋の物語、闘いの物語）が始まっている。こうして、顔の現れとともに（それだけが参入の回路ではないとしても）、人々は理解可能な意味世界の住人となる。

そうであればこそ、相手の顔が見えないということは、相互作用場面に立ち入ろうとする人々を不安にさせる要因となる。顔をすっぽりマスクで覆っている人、フルフェイスのヘルメットを被ったまま歩いてくる人は、それだけでどこか不穏な雰囲気を漂わせる。それはひとまず、相手を何者かとして特定するための手がかりが隠されているからだといえるだろう。「顔の不在がひとを不安にするのは、おそらく、その顔がもはや何かとして限定できない曖昧《あいまい》な存在へと移行したからである」(13)。しかし、「顔の不在」に対して感じられる「不気味さ」は、単にその人についての情報の乏しさだけに由来するものではない。確かに、相手が誰であるのかについての手がかりが少ないときには、その人に対する適切な振る舞いがわからないため、人は不安を覚えやすい。しかし、顔が隠されていることから生じる恐れの感覚は、これと同一のものではない。顔が覆われていることがもたらす独特の効果は、むしろ、情動的な表出を含めたやりとりを通じて、相手が自分とのあいだに相互的な了解の場を作り出そうとする気配が断たれていることにあるだろう。

相手が顔をさらし、何らかの表情を浮かべて現れるときには、私はその意味を解釈し、そこに何らかの応答を返していく術を見いだしうる。その先に、相応の相互了解の可能性が開かれていると予感されれば、現時点で相手が誰であるのかがよくわかっていないことは、さほど大きな問題ではない。少なくとも、相手の素性についての未確定性は、顔の不在がもたらす不安とはまた別のものである。顔が見えないということは、対面性を頼りにして私たちが常日頃立ち上げているような意味秩序の生成が予感されないということ、したがってまた、私たちが「意味の外部」に遭遇してしまうことへの恐れが喚起されるということである。

鷲田清一は、人の顔が人の前で何者かとしての同一性を示すことがないような状態を、「逸脱」あるいは「脱落」という言葉でとらえている。この「逸脱した顔」のうちには、文字どおりの意味での覆い隠された顔だけでなく、「停止した顔」や「共振しない顔」も含まれている。そして、「それらは、意味の表面であり、自他の界面である以上に、まずは意味がその外部、つまりは《非意味》と接触する、その限界面を意味する」という。相互作用の基盤として共振的に動き続けることがない顔には、「意味のなかに収容できない何ものかが、いわば裏向きにそこに出現する」(14)のである。

ジョナサン・コールの著作に登場したのは、共在の器官としての顔のはたらきが損なわれてしまった人々だった。ここで鷲田の指摘を踏まえてみれば、それぞれのやり方で他者と関わろうとする彼らの日々の努力は、《非意味》の浮上に抗して、自分自身を社会的意味世界の内部に住まわせようとする作業《ワーク》にほかならなかったと考えることができる。そしてこの点で、彼らの苦しみは、「疾患」によって顔の動作に不自由しているというわけではない者にも、決して無縁のものではないように思われる。

とはいえ、表現には慎重を期しておかなければならない。私たちはここで、日常生活に支障を感じない程度に「表情」のやりとりができる「我々」が、彼らと同じ苦しみを負っているとか、彼らの経験を共感的に理解できるということを言わんとしているわけではない。むしろ、彼らの経験と私たちの日々の経験との落差こそが、「我々」が生きている世界のありよう——私たちが顔とともに生きているという「驚くべき」現実——を浮かび上がらせてくれるのである。そのうえでなお、顔と顔との共鳴を通じてごく自然に「社会的存在」になることができず、他者との共在の場に立っていることを自明視しきれないまま、人と人との関わりのなかにあろうとする彼らの模索的な作業が、どこかで私たちが生きている現実の触感に通じているとはいえないだろうか。少なくとも私

（鈴木）がコールの著作に強く惹き付けられるのは、その通底の感覚が鮮明にあるからである。私（たち）もまた、他者との交流の場に参加しようとする際に、顔の現れがもたらす「自然な共在の感覚」を無防備に前提とすることができない。人の前に立って、何者かとして振る舞おうとしながら、そこから充実した意味世界が生起するということを自明視できない感じが、折に触れて立ち上がる。薄い被膜のように、私（たち）の日常に貼り付いているこの不安な感覚を、鮮明な像として浮かび上がらせてくれるからこそ、コールの語る事例が、他人事ではない切迫感をもって現れてくるのである。

5 顔をなくした者たちの物語を読む

ここに浮かび上がってくる微妙な感覚を手元にとどめながら、本書では、顔の不在を語る文学——小説——を読み進めていく。考察の対象に置くのは、何らかの形で「顔を失った人間」「顔が見えない人間」が登場する物語である。

はじめに述べたように、顔の出現はそこに人の存在を告げ、物語の起動をうながす。そうであるがために、文学、とりわけ小説のテクストはいたるところで、人々の相貌を描出してきた。またそのために、人と人の関係の内実、あるいはその成立の危機を主題化しようとする文学は、顔の現れの不確かさに目をとめ、これに固有の表象を与えようとしてきた。顔は、共在の器官であるからこそ、人と人との交わりの危うさが集約的に表現される場所となる。「歪んだ顔」や「崩れた顔」の描出は、社会的世界の成立それ自体の破綻や毀損をあらわにさせる強力な手段となる。この文学的形象の系譜のなかに、「顔がない人間」「顔を奪われた人間」もまた現れる。その異様な姿を指し示すことで、小説のテクストは何を伝えようとしているのか。それはどのような危機の徴候なのか。この問いをめぐっていくつかの作品を読み進めていこう。

ただし、ここでの「顔がない」とは、物質的な意味で頭部が失われているとか、顔に対する視界が遮られているといったことだけを指すものではない。ジェルヴェ＝ザニンガーが論じているように、「顔」と「顔でないもの」の境界は不確かであって、しばしばこの曖昧な分岐点に現れる形象こそが、「人の現れ」のあやふやさを問い直す手段になる。顔は「有意味な全体」として現れてくるものなので、いくら個別のパーツを詳細に観察しても、そこにその人間の存在が確かに感受されるわけではない(15)。したがって、顔面の細部にわたる記述は、かえって異様な風景を現出させてしまう。例えばオノレ・ド・バルザックが、観相学的好奇心に衝き動かされて、登場人物の顔の造形を事細かに描き込むとき、そこにはすでに、どこか日常的な他者の現出とは異なる、不気味な感触が生じている。そしてジャン＝ポール・サルトルは、『嘔吐』のなかでこの落差を自覚的に主題化し、鏡に映る自分の顔の細部をたどりながら、そこに人間の「表情」が見えるとはどういうことなのかを問うていた。

私の視線は徐々に、いやいやながら、額や頬の上へ降りて行く。そこではなんら確固としたものに出会わない。そのうち進路が尽きる。あきらかにそこには、鼻があり、眼があり、口がある。しかしそれらのいずれもがなんの意味も持っていない。人間的な表情さえもない[16]。

このとき、細部に分解されてしまった「鼻」や「眼」や「口」はもはや「顔」ではない。あまりにも至近距離で観察されたとき、その「全体」が見失われることによって、顔そのものが消失してしまう。つまり、問われなければならないのは、「顔」と「顔でないもの」の境がどこに引かれていて、その「顔ならざるもの」の現出が何を物語ろうとしているのかにある。

とはいえ、小説の世界に登場する「顔がない人間」たちは、虚構の空間で修辞的な意味を放つ「形象」であるのだから、ただちに現実の世界に対応物をもつわけではない。同じように「顔を失った者」と呼ぶことができるとしても、それは、コールが対話を重ねたような実在の人間の姿をそのまま描き出すわけではない。文学的形象は、例えばメタファーやアレゴリーとして何事かを暗示し、読者に解釈を要求するものである。しかし、たとえどれほど虚構の色が濃い作品であっても、小説が人間と人間の交流にもとづく世界を描いている以上、そこに「顔がない存在」が現れるということ、あるいはその存在の「顔が現れない」ということは、決して無徴の事実としてやりすごされることではない。少なくともそれは、人々(登場人物たち、あるいは読者)に小さからぬ衝撃を与え、何らかの不安を喚起する。そこにはしばしば、さまざまな「意味」が集約され、私たちの読解の焦点を形作る。なぜなら、「顔がない人間」が、人々が織り成している社会的な意味の世界の破綻をしるしづけ、物語の危機の所在を告げているからである。

しかし、物語の危機こそが物語を起動させるのである。人々の振る舞いが円滑なつながりのなかで秩序ある世界を産出し続けることができなくなる場面にこそ、「語り」は呼び起こされる。物語の危機をめぐる物語。とりわけ小説は、しばしばそのような機制のもとで生起する。

では、物語のなかに登場する「顔を失った人間」は、どのような危機の到来を告げているのか。突き詰めていけば、そこにはやはり「他者の現れ」の困難、したがってまた「共在」の困難が露見しているように思われる。私が顔をもった一人の人間として、ほかの、やはり顔をもって現れる人々と取り交わしていく意味世界の成り立ち。それ自体の危うさが、「顔がない人間」という物語的形象に仮託され、婉曲的な形で問い直されている。私たちは、それぞれの作品世界のなかで「顔の不在」が果たしている意味作用を解析していくことで、テクストが伝える「危機」の触感を浮かび上がらせることができるだろう。

注

（1）Emmanuel Levinas, *Totalité et Infini*, Kluwer Academic Publishers, 1961.（エマニュエル・レヴィナス『全体性と無限』合田正人訳、国文社、一九八九年、二九三ページ）

（2）志賀直哉『暗夜行路』前篇（岩波文庫）、岩波書店、一九三八年、八ページ

（3）Guy de Maupassant, *Boule de suif*, G.Charpentier, 1880.（モーパッサン『脂肪の塊・テリエ館』青柳瑞穂訳〔新潮文庫〕、新潮社、一九五一年、二三ページ）

(4) 山口真美『赤ちゃんは顔をよむ――視覚と心の発達学』紀伊國屋書店、二〇〇三年（『赤ちゃんは顔をよむ』〔角川ソフィア文庫〕、角川学芸出版、二〇一三年）、松沢哲郎『想像するちから――チンパンジーが教えてくれた人間の心』岩波書店、二〇一一年

(5) 同書一―二ページ

(6) Jonathan Cole, *About Face*, The MIT Press, 1998.（ジョナサン・コール『顔の科学――自己と他者をつなぐもの』茂木健一郎監訳、恩蔵絢子訳、ＰＨＰ研究所、二〇一一年、七九ページ）

(7) 同書八一ページ

(8) 同書八二ページ

(9) 同書二三〇ページ

(10) 同書二三〇ページ

(11) 同書三六五ページ

(12) 同書二六二ページ

(13) 鷲田清一『顔の現象学――見られることの権利』（講談社学術文庫）、講談社、一九九八年、三四ページ

(14) 同書三九ページ

(15) Marie-Annick Gervais-Zaninger, *Au regard des visages, Essai sur la littérature française du XXe siècle*, Éditions Hermann, 2011.

(16) Jean-Paul Sartre, *La Nausée*, Gallimard, 1938.（ジャン＝ポール・サルトル『嘔吐』白井浩司訳〔「サルトル全集」第六巻〕、人文書院、一九五一年、二七ページ）

第1章　顔の剝奪
——探偵小説と死者の表象

「なにを捜しているんですか」と、エラリーがきいた。

「頭ですよ、きみ、首です」

（エラリー・クイーン『エジプト十字架の謎』[1]）


文学作品に現れる形象は、個々の物語の文脈だけでなく、その作品が帰属するジャンル、すなわちその類型的な形式や目的、これに付随する読解のコードに応じてもまた、異なる意味をとる。例えば、「ホラー小説」や「探偵小説」の作品のなかに「殺人」が描かれる場合と、「純文学」的な小説のなかで人が人を殺す場合とでは、その行為が筋立てのなかで果たす役割や、登場人物や読者のもとに呼び起こす感情や反応は別様のものになる。したがってそれぞれの要素の意味作用は、ジャンルのルールに照らして理解されなければならない。

その一方で、個々の形象は多様な潜在的意味を充塡させ、ジャンルの定義にともなう形式的な読解のコードをかいくぐりながら、あるいはそれを利用しながら、これを読み手のもとに送り届ける。エンターテイメント作品であることを口実に、残酷な殺人鬼の姿を描くことが許されるのだが、だからといって、それが娯楽的な快以外の効果をまったくもたらさないわけではない。私たちは、「殺人鬼」の表象が何を表し、何を語りかけようとしているのかを、その物語形式に必ずしも内属しない形で問い直すこともできる。形象の意味の探求は、ジャンルの規定力を常に参照しながら、しかしそれに対する相対的な自律性を想定しながら進めていかなければならない。

この章で問おうとしているのは、「探偵小説」に現れる「死者」の表象であり、そこでの「顔」の描かれ方である。それらは、「謎解き」を目的とするこの特異なジャンルのルールに沿って意味を発する。しかし、それと同時に、その規則に対する合目的性だけでは説明がつかない「過剰」な部分を含んでいる。この二面性のなかに、物語を駆動させる「表象への欲望」を読み取ることができるはずである。

1　手がかりの束としての死者＝死体

探偵小説には、言うまでもなく、おびただしい数の死者＝死体が登場する。探偵小説とは、その定型として、殺害された死者の発見とともに始まり、その殺害者の特定と手口の解明によって閉ざされる物語である。そこでは、未解決の事件の存在を指し示す死者＝死体の登場こそが物語を始動させる契機となる。
では、この物語の世界で、死者あるいは死体はどのように描かれてきたのだろうか。逆に、死者＝死体の表象の媒体として位置づけてみたときに、探偵小説はどのような言説の場としてとらえることが可能となるのだろうか。以下では、（エドガー・アラン・ポオをその起点とする）ジャンルの創成期から黄金時代ともいわれる戦間期の作品、とりわけ我が国で本格推理と称される作品群に対象を絞って検討を進めよう。

殺人事件に端を発する定型的な探偵小説でも、もちろんすべての作品が、その死者の様相を克明に描出しているわけではない。相当数の作品では、遺体の発見がごくあっさりと報告され、その死者の具体的な様子については、殺害の手段が付け加えられる程度の簡潔な記述に終始している。例えば、エリザベス・フェラーズの『自殺の殺人』では、犠牲者エドガー・プリースの様子は、次のように語られるにとどまる。

ジョアンナに父の死の詳細を伝えたのは、そんな警部の穏やかで親切な声だった。彼曰く、エドガー・プリースは頭部を撃たれていた。植物標本館の自室のデスクに坐ったまま、自分の拳銃で至近距離から射殺されていた。凶器になった拳銃は、普段からデスクの引き出しにはいっており、そのことは誰もが知っていたようだ。

（E・フェラーズ『自殺の殺人』一九四一年、訳書七三ページ）

このように、作品はしばしば犠牲者の様子を最小限説明するにとどめ、そのディテールを一切告げないまま捜査の物語へと語りを進めていく。ここでは、死者＝死体の存在はそれ自体で特別の印象を与えるものではなく、ただ謎解きのゲームの開始を告げるお決まりの合図として登場するにすぎない。

こうした記述の簡潔性は、探偵小説を単純な推理ゲームとして位置づけるならば、それなりに合理的な態度として理解することができる。死者は解かれるべきパズルのワンピースとしてそこにあればいいのであって、誰がやったのかという問いに積極的に関与するのでないかぎり、それ以上の細密な描写が盛り込まれる理由はない。知的なゲームとしての性格のために、作品はしばしば死者の様子の具体的な報告を省略することができるのである。

しかし、そのほかの、決して少なからぬ数の作品群では、発見された遺体の描写にかなりのスペースが割かれ、物語の起点となる死者＝死体に重々しい存在感が与えられている。例えば、以下のように。

ベンスンの死体は、いかにも自然な姿勢で椅子にもたれかかっていたので、いまにも私たちのほうに振りかえって、なぜひとの私室に闖入《ちんにゅう》したのかと、問いただしはしまいかと思われたほどだった。頭は椅子の背によせかけてあった。右脚は左の脚の上に横に重ねて、らくらくとくつろいだかっこうだった。右の腕は中央のテーブルにゆったりとのせており、左の腕は椅子の袖《そで》ぞいにもたせかけていた。しかし、そのいかにも自然にみえる姿勢のうちでも、もっとも驚かされたのは、右手に持っていた小さな書物で、明らかに読んでいたとおぼしい個所に、まだ親指をかけていたことである。

彼は正面から前額部を射ちぬかれていた。そして、小さな丸い弾痕が、今では血が凝結して、ほとんど黒色になっていた。椅子の後ろの絨毯の上にある、大きなどす黒い汚点が、弾丸が脳髄を貫通したときの出血の程度をしめしていた。こうしたぶっそうな痕跡がなかったならば、ただひととき、読むのをやめて、後ろによりかかり、休んでいるのだと思われたであろう。

着古したスモーキング・ジャケットに、赤い寝室用のスリッパーというでたちだったが、まだ礼服用のズボンと、夜会用のシャツを着ており、カラーはなしで、シャツのえりのボタンは、らくにするつもりか、はずしていた。肉体的には、魅力があるといった男ではなく、ほとんど完全に禿げているうえに、少しどころか、たいへんにでぶでぶしていた。顔はしまりがなくて、ふとっちょの頸《くび》は、カラーでかくされていないので、なおさらのこと目立ってみえた。あまりのいやったらしさに、少しばかり身震いがしたので、私は死体を眺めることはそうそうに切りあげて、部屋にいるほかの連中のほうに眼を向けた。

（V・ダイン『ベンスン殺人事件』一九二六年、訳書三七―三八ページ）

言うまでもなく、このような死者＝死体の記述は、まず何よりも事件解明の手がかりを動員するために要求されるものである。

第一に、殺害の現場に残された犠牲者の亡骸《なきがら》には、犯罪の手口とそこにいたるプロセスを示す豊富な手がかりが残されている。殺害の方法、凶器の種類、最終的な死因、死亡時刻、死亡場所、犯人との関係、犯人が存在した位置、犯人の体型や性別など、「事件」の一部始終に関わるさまざまな情報が、遺体のうえに痕跡として残されている。探偵のまなざしは、この身体のうえに残された多様な記号を摘出し、隠された過去の行為過程を推定していこうとする。例えば、右に引用した死体の観察から、探偵ファイロ・ヴァンスは犯人がどの位置と距離から発砲したのかを割り出し、犯人と犠牲者がどのような関係にあったのかを読み取っていくことになる。

また、死体はしばしば、死者の身元を表すための記号の束でもある。殺害されたのは誰なのか、その出自や身分、性格、精神状態、過去の生活ぶりなど、死者の身元を示す重要な手がかりがその体には刻印されている。引用のなかで、ヴァンスが死者の顔つきや体つきから成り上がり者の悪趣味でいやらしい性格を読み解いているように、捜査者たちはしばしば身元不明の死体として発見される犠牲者の正体を、亡骸に残された痕跡から見破っていかなければならない。そしてこのとき、探偵のまなざしは、人間の内面を映し出す特権的な表層として死者の顔に狙いを定めることになる。

犯行の状況と死者の身元、そのいずれの側に照準が向けられるとしても、手がかりの集積の場として記述される死者の身体は、ゆるやかな意味での「徴候学（symptomatology）」ないし「観相学（physiognomy）」的なまなざしのもとに置かれている。すなわち、死者＝死体は、隠れた原因の所在を示す表面的な徴候（＝症状）の現れる場として、あるいは現在に残された痕跡を通じて失われた過去を解読するためのテクストとして、そこに横たわるのである。ここでは、観察可能な表層の事実と、直接に見ることができない内面的な事実との照応関係が想定され、なにがしかのコードにもとづいてその深層の事象が読み解かれようとする。そして、その解読の振る舞いのなかで、しばしば死者の顔が、特権的な位置を付与されることになる。

しかし、こうした傾向を確認するだけでは、探偵小説が十九世紀のヨーロッパ社会に浮上した徴候学／観相学のパラダイムのなかに組み込まれていたという事実の一端を見いだすにとどまる。死者の表象からジャンルの生成の条件を考えようとする場合に、これではまだ事態の一面をとらえているにすぎない。

探偵小説のさまざまな作品の死者＝死体の描写をたどっていくと、随所で、手がかりの論理からは十分に説明がつかない記述、もしくは表層から深層を読み取っていく解読の枠組みにうまく収まりきらないような表象の過剰（あるいは逆に過度の省略）に出合うことになる。投げ出された死者＝死体の姿には、手がかりとしての必要性とは異質の論理がはたらきかけていて、そこには死者を解読されるべき記号の束とは別種の形象として描き出そうとする意志が感じられる。とりわけそれは、作品中にしばしば露出する死者への暴力、特にその顔を傷つけ、奪い取ろうとする行為のうちに見いだすことができる。ひとまずはこれを「顔への悪意」と呼んでおくことにしよう。

2　顔への悪意

無視された顔

死者の顔に向けられる悪意は、作品のなかにさまざまな形で表出される。その最もおだやかで消極的な形態は、顔から目を逸らすこと、顔を無視すること、あるいは顔を「顔」として、つまりなにがしかの内面性を映し出す特権的な場所として記述することの拒否のうちに見いだされる。例をあげていこう。

> 死体の検分はあまり快《こころよ》いものではなかった。（略）実際、ウィムジイは一瞥すると、あとは警察官ふたりに自分抜きで続けてもらい、死んだ娘のハンドバッグに注意を集中した。
>
> （D・L・セイヤーズ『不自然な死』一九二七年、訳書八八ページ）

ここで探偵ウィムジイは死者の顔に目を向けることを拒み、すぐさまその持ち物の検分へと関心を移してしまう。結果としてテクストは、死者がどのような顔つきと表情をもってそこに横たわっているのかをまったく報告することがないまま通り過ぎていく。

あるいは、アガサ・クリスティーがさらりと書き流しているように見える次のような一節。

私は気を取り直して近づいた。ひんやりと冷たかった。手を持ち上げて離すと、生気なくどたりと落ちた。この男は死んでいた――頭を撃ち抜かれて。
（A・クリスティー『牧師館の殺人』一九三〇年、訳書五四ページ）

ここではまちがいなく、語り手の目が死者を見ている。しかし、その語りは頭部に開かれた弾痕の存在を報告するばかりで、その人の顔立ち・顔つきについては何一つ伝えることがない。同様のことは、以下の一節についてもいえるだろう。

ふたりは死体を仰向けに起し、勇気をふるってその顔を見た。ロバート・アブレットは眉間《みけん》を射ち抜かれていた。
（A・A・ミルン『赤い館の秘密』一九二一年、訳書四八ページ）

このアラン・アレキサンダー・ミルンの作品では、死者の顔についての詳細な記述が省かれていることにトリックとしての意味がある。『赤い館の秘密』は死者の身元の取り違えによって捜査が誤認へと導かれていく小説だからである。しかし、たとえそうだとしても、語り手がそれは頭部を射ち抜かれた死体だと報告するばかりで、その視線が死者の表情を素通りしてしまうことに変わりはない。
これらの作品での死者の相貌の省略は、先に見たフェラーズの場合と同じように、ある程度までは手がかりとしての没機能性という観点から説明がつく。そのかぎりでは、テクストがあえて顔を無視しているというのは、少しうがちすぎた読み方かもしれない。しかし、探偵小説を取り込んでいる観相学的な想像力の体制が、顔にまなざしを注ぎ、その表層を解読することによって、深奥の隠された事象を暴き出そうとするものであることを思えば、こうした顔に対する冷淡さもまた、一つの身ぶりとして何事かを物語るように思われる。ここでは、探偵ないし語り手の目が確実に死者の顔面を見ていながら、その顔つきや表情について「故意に」何も語っていない。探偵が顔をまなざすことを職務とした存在だとするならば、それはやはり特異な態度だということができるだろう。[2]

いずれにしても、語りのテクストで、顔を無視したり、その表情の記述を省略したりすることは、作品から顔を削除することにほかならない。したがって、前述のような作品ではすでに、死者は顔を奪われた存在となっている。

無意味な表層としての顔――無表情な死体

もちろん、多くの作品はこれほどあっさりと顔を見過ごしていくわけではない。殺害の現場にいどむ探偵（あるいはそのほかの語り手）は、むしろ丹念に死者＝死体の様子を観察し、こまごまとした報告を残していく。しかし、例えば次のような記述のうちに見いだされる視線は、顔を解読されるべき記号として意味づけていくまなざしとは微妙に質を異にするものだといえるだろう。

浴槽に寝かされている死体は、五十がらみの長身でがっしりした男のもの。髪は豊かで黒く、自然な巻毛で、巧みに刈られて分け目をつけられ、浴室のこもった空気の中でもはっきりそれとわかる菫《すみれ》の香りを微《かす》かに漂わせている。目鼻立ちは肉厚でくっきりし、黒い眼は大きく、長い鼻は重たげな顎のほうに湾曲している。髭はきれいに剃《あた》ってあり、唇はふっくらとして官能的で、口が開いているため、煙草の脂《やに》で黄色くなった歯が見えた。立派な金縁の鼻眼鏡が、生気のない顔の上で不気味な気品をもって死を嘲笑い、細い金鎖が裸の胸の上で弧を描いている。足は揃えて固くまっすぐ伸ばされ、腕は体の脇につけるようにして置かれ、指は自然に曲げられている。ピーター卿は腕の片方を持ち上げ、手を調べて少し眉を顰《ひそ》めた。

（D・L・セイヤーズ『誰の死体？』一九二三年、訳書二三ページ）

確かにここには「顔立ち」についての記述がある。「肉厚でくっきりした目鼻立ち」「重たげな顎のほうに湾曲している長い鼻」の様子が的確に報告されている。そしてそれは、一見すると、殺人の手口について、あるいは死者の正体について、なにがしかを語る手がかりの束として記述されているようにも見える。しかしこの作品では、その死者＝死体についての情報は、事実上、死者についても事件についてもほとんど何も物語らない。まなざしは、死者の相貌（顔面の造作）を語りながら、その背後に隠されたものを何ら探り当てることができず、表層を滑り落ちていくばかりなのである。

観相学が内面を映し出す鏡として顔に特権的な位置を認めるものであるのに対して、ここでのまなざしは、看取されるべき奥行きを欠いた表層的な形状としての顔面を描いているにすぎない。顔は「顔」としての特異性を失ったうつろな形象となってそこに投げ出されている。

毀損された顔

これに対して、顔に対する悪意をより積極的な形で具体化するテクストがある。それは、死者＝死体に対する暴力、変形され損壊した身体の表象のなかに現れてくるものである。

ポオ以来の探偵小説作品のなかに死者の姿をたどっていくとき、私たちはしばしば死体に対する過剰な暴力の痕跡、特に死者の顔に向けられた悪意に満ちた破損の痕を見いだす。

もちろん、探偵小説に登場する死体は殺人という暴力の結果としてそこに投げ出されているのだから、それらが醜く変形し、無残な姿をさらしていること自体はことさらに注記されるべき事柄ではない。しかし、殺人事件という文脈を踏まえてみたとしても、死者に対してなおあまりにも過剰とも思えるような暴力性がこのジャンルには宿っている。物語は、暴力によって歪められ、傷つけられた死体、放置され腐乱した死者を数多く描出する。その暴力や変形は、多くの作品では筋立てやトリックによって合理化されているが、ときには何ら必然性がないまま、ただ悲惨な情景だけが記述されるのである。

すでにジャンルの歴史的出発点で、この死者への暴力の意志は顕著な形で表れている。ポオは、『モルグ街の殺人事件』で、最初の犠牲者を次のように描く。

レスパネェ夫人の姿は、どこにも見えなかった。だが、暖炉に、ひどく夥しい煤が見られたので、煙突の中を探すと、(これはまた無惨にも)娘の方の死体が、逆様になって引き出されてきた。この姿勢のままで、狭い隙間を、ずいぶんと奥深く、無理に押し込まれていたのだった。身体は、まだすっかり温味が残っていて、調べてみると、明らかに、暴力でもって押し上げられ、そのまま手を離されたために出来たらしい、夥しい擦過傷があった。顔には、多数のひどい掻き傷があり、咽喉には、黒い打撲《うちみ》と、あたかも絞殺されでもしたような、深い爪痕とが、印されていた。

屋内は、残る隈なく捜索したが、これ以上、別になんの発見もなく、一同、裏側の小さな鋪装中庭へ、降りてみると、夫人の死体があった。しかも咽喉は、完全に掻き切られていて、死体を持ち上げる拍子に、コロリと落ちてしまった。頭も、胴も、無惨に切り刻まれ、胴体の如きは、ほとんど人体とは見えなかった。

(E・ポオ『モルグ街の殺人事件』一八四一年、訳書九二ページ)

犠牲者の身体に加えられたこの容赦のない暴力は、周知のように、犯人が実は猿だという思いがけない結論によって合理化される。そのかぎりで、ここでの無惨な死体の描写は、謎解きのための手がかりとして必然的に挿入されているのだと見ることができる。しかし逆に、ポオは、悪の主体を獣へと託すことによって、人間的な了解の限度を超えた力の顕現を描こうとしたのだともいえる。そうであるとすれば、その体をほとんど「人体とは見えない」までに傷つけるこの過剰な暴力の痕跡こそが、推理による謎解きの物語を招来したのだと考えられる。そして、この文脈でさらに重要なことは、ポオがここで、死者の首を切り落として見せていることである。ジャンルの歴史のなかで執拗に反復される斬首された死体の形象が、すでにこの最初の探偵小説に登場していることは注目されていいだろう。

ポオが描いたこの最初の犠牲者の姿をおそらくは意識してのことだろうが、ギルバート・ケイス・チェスタトンも「秘密の庭」で、やはり首を切り落とされた死者を登場させている。

> 力をあわせて注意深く死体を地面から一インチほど持ちあげてみると、ほんとうに死んでいるのかどうかという疑念は怖ろしい形で瞬時に解消した。頭がぽろりと転げ落ちたのである。胴体から完全に切り離されていたのだ――誰がこの男の咽喉をかき切ったにせよ、そいつが同じように首も切り落したのだ。ヴァランタンでさえいささかショックを受けていた。「ゴリラのように力のあるやつだったにちがいない」彼はぽつりとつぶやいた。
>
> （G・K・チェスタトン「秘密の庭」『ブラウン神父の童心』一九一一年、訳書五〇ページ）

同様に、ジョン・ディクスン・カーの長篇第一作『夜歩く』でも、死者の頭部が切断され、首無しの死体が読者の前にかざされる。

部屋のつき当たりに大きな長椅子があり、そのそばに赤いガラスの燭台ののっている象嵌細工のテーブルがあった。男が一人、長椅子の前の赤い絨毯の上にうつ伏せに倒れていた。男はまるで前にとび出そうとしているように、両手の指を開いて——赤い絨毯の上につんのめったようにうずくまっている。ところが、その男には首がなかったのだ。頭の代わりに血みどろの首の切り口が床につっぱっている。

首は赤い絨毯のまん中で、まっすぐに据えられて立っていた。白眼をむき出して、薄暗い赤い光をうけて私たちを噛みつきそうににらんでいる。左手の開いた窓から微風が吹きこんで、その髪を静かに生きたもののようにそよがせていた。

（D・カー『夜歩く』一九三〇年、訳書三九—四〇ページ）

たとえそれが謎解きのゲームのワンピースだとしても、やはり首を切り落とされた死体の存在は、異様な印象をともないながら読者に訴えかける力をもつ。このジャンルのなかで、反復的に描かれる首無し死体は、死者への暴力とその顔への悪意を最も凝縮した形で表しているといっていいだろう。なかでも、エラリー・クイーンの『エジプト十字架の謎』では、四つの連続殺人事件で犠牲者の首が切り落とされ、その死体がT字の柱にくくりつけられて人々の前に高々と掲げられることになる。

はりつけになった死体を見上げた警視の顔には血の気はなかった。頭がついていた場所のなまなましいまっかな穴、左右にのばしたこわばった両腕、そろえた両足、といった姿は、グロテスクで狂気じみて、悪魔がきまぐれに描いた戯画《ぎが》だった。……死んだ人間の肉で形作った、奇怪きわまる巨大なTの字。

（E・クイーン『エジプト十字架の謎』一九三二年、訳書四一八ページ）

その『エジプト十字架の謎』を含む初期のクイーン作品は、まさに死体のコレクションとでもいいたいほどに、多種多様な死者の描写にあふれている。そのなかには、醜悪に変形した死体がいくつも登場する。例えば、以下のように。

「殺されたのだ、絞殺だ」

プラウティー医師の簡単な検査で、それだけのことがわかった。検死官は、ヴェリー部長に手伝わせて、どうにか死体をひっくりかえした。犠牲者は発見されたときは、顔を下向きにして、頭をハルキスの生命のない肩にもたせていたのである。いまは顔そのものを見ることができた。――目は深く頭の中に落ち込み、見ると、その開いた目の眼球は、とうてい信じられないくらいにかわきあがって、褐色をしていた。しかし、顔自体は、人間の形を失うほどにはいたんでいなかった。不規則な、鉛色をした斑点の下に、浅黒い皮膚があった。鼻はいまでは、ぐにゃぐにゃになっていたが、生きているときは、鋭くとがっていたにちがいなかった。顔の輪郭、凹凸《おうとつ》は、腐敗の結果、柔らかくなり、ふくれあがっていたが、腐れかける前は、これまた、いかつかったに相違ない。（E・クイーン『ギリシア棺の謎』一九三二年、訳書七七ページ）

同様に、ドロシー・セイヤーズも執拗に死体を描出する作家である。『死体をどうぞ』では、発見され、記述され、報告された死体をいったん海に流し、わざわざそれを引き揚げさせたうえで、次のように語らせる。

「けどかわいそうに、顔のほうは」レフランク夫人はしゃくり上げた。「あたしが産みのおっかさんだったとしても、あの人かどうかなんてわかんなかったでしょうよ。息子みたいにかわいがってたのに。気持ち悪い海のもんにすっかりかじられちまってて、あたしゃ金輪際《こんりんざい》、蟹もロブスターも食べないって誓いました。破ったら天にその場で打ち殺されたっていい！　前はよく、何も知らずにマヨネーズで和《あ》えたロブスター食べてたけど、あれ食べて悪い夢見る人が多いのもむりありませんよ。どんなとこでとれたかわかってみりゃ。恐ろしい！」

（D・L・セイヤーズ『死体をどうぞ』一九三二年、訳書三七〇ページ）

ここでセイヤーズの悪意が過剰だと思われるのは、わざわざ海から引き揚げたこの死体の顔の変形が、何一つ謎解きには関わらない、冗長な記述になっていることである。作品に対する作者の統制が不完全だといえばそれまでである（この作品は、謎解きの物語としてはあまりにも冗漫な要素が多い）が、それにしても、この死体の再浮上のエピソードは、その変形ぶりを記述することのほかに何ら目的性を感じられない形で挿入されるのである。

もちろん、すべての作家、すべての作品が、死者＝死体の惨状を好んで描き出すわけではない。例えばクリスティーは、全体的に見て、死者＝死体の凄惨な様相を克明に描かない作家であり、その作品は往々にして「死者」の存在だけを告げて、知的な謎解きのゲームへと進行していくことが多い。しかし、そのクリスティーでも、毀損された顔が積極的に描かれることがある。

一同は通路に出た。コオが死んだ婦人のコンパートメントの鍵をはずした。一番端のブラインドが、明りをとるために半分だけあけてあった。死んだ婦人は左手の寝台の上に、まるで眠っているのかとおもえるほどの無理のない姿勢で横たわっていた。体の上には寝台掛けがひろげてあり、頭は壁のほうを向いていたので、赤褐色の髪の毛が見えるだけだった。静かにコオが死体の肩に手をかけ、顔が見えるように体を前に向けた。キャザリンはちょっとひるんで、手を固く握った。激しく殴打されたあとで、顔つきはほとんど見わけがつかぬほどだった。

（A・クリスティ『青列車の謎』一九二八年、訳書一一四ページ）

この作品では、犠牲者の顔をつぶすことにトリックとしての意味が与えられている（犯人は、すでに殺害した犠牲者になりすますことで殺害の時間を誤認させようとするのである）。しかし、夜行列車のコンパートメントのなかで、すでに息絶えた死者の顔面を顔つきがわからなくなるほど殴打するという振る舞いは、やはりどこか偏執的であり、その意志の過剰さこそがこの作品を印象の強いものにしている。

ここに挙げた作品の選択はもちろん恣意的なものであり、それがジャンルを量において代表しているわけではない。しかし、少なくとも、探偵小説の黄金時代を支えた作家たちの作品のなかだけでも、不自然に歪められた死体の系譜、すなわち死者＝死体に暴力を振るい、顔を毀損しようとするテクストの意志の痕跡をたどることができる。この、傷つけられ、損なわれた死者の顔は、死者＝死体を手がかり（有意味な記号）の束へと還元しようとするもう一方の意志と拮抗するかのように、ジャンルの表象のなかに反復して姿を見せる。では、なぜ死者の顔がこれほどまでに毀損され、その変形した死体の記述が物語のなかに呼び込まれるのだろうか。

3　死者の身元をすりかえる

いくつかの作品では、死者への暴力、とりわけその顔への暴力は、トリックの一技法として、積極的な機能を担っている。典型的には、それは死者＝犠牲者の身元を（探偵あるいは読者に対して）隠匿する手段である。

言うまでもなく、探偵小説は、犯罪がもたらした謎を起点として、犯罪行為の主体を突き止めるまでの捜査と推理の物語として成立する。そして、この「誰がやったのか」という問いは、原則として、その事件に関わるすべての人に関する「誰が誰なのか」という問いへと拡張される。結果として、物語はすべての登場人物に関する正体究明のゲームという性格をもつ。[3] このとき、この「すべての人」のなかには「死者＝犠牲者」も含まれている。探偵が暴かなければならない犯罪のプロセスとは、その犠牲者を死へといたらしめた物語であり、死者は犯人と並んで必ずやもう一方の当事者である。したがって、「多くの捜査」は「犠牲者の生活ぶりや人間関係や性格に依拠しなければ展開しえない」。「犠牲者は犯人の姿を裏側からかたどった存在とみなされるのであり、捜査者は、犠牲者を取り調べることによって別の誰かに行き着くことを期待するのである」[4]

探偵が再発見すべき物語には少なくとも「犯人」と「犠牲者」という二人の主要な登場人物がいる。このうち、「犯人」が誰であるかは定義上隠蔽された形で語りが進む。一方、たいがいのケースでは、「犠牲者」のほうの身元は比較的早期に判明することになる。とすれば、探偵は、推理のための足がかり、消失した物語を再構成するための起点として、死者の身元を当てにせざるをえない。死者は、見失われた意味連関の再構築のために揺るぎない（と見える）準拠点を与えてくれる。

そうであればこそ、犯人には死者の身元をすりかえ、その正体をくらませようとする理由がある。「犠牲者」という名の準拠点を偽ることによって、捜査をあやまった筋道へと誘い込もうとするのである。そしてそのためには、死者の顔が何らかの形で奪い取られなければならない。こうして、ジャンルのなかには、「顔がない死体」という一連のモチーフが浮上することになる。

この「死者の身元のすりかえ」という観点から見て、最も徹底しているのは、その死者の「首」を切り落とし、それを隠匿ないしは交換するという手口だろう。この「斬首によるすりかえ」という方法は、既述のように、チェスタトンから、カー、クイーンなどに受け継がれ、古典的なトリックの一つとなる。

もちろん、死者の身元をすりかえたり、それを不明のものとするという手法は、斬首という技法によらずともさまざまな形で作品に採用されている。ミルン『赤い館の秘密』、イーデン・フィルポッツ『赤毛のレドメイン』、クイーン『Xの悲劇』、セイヤーズ『誰の死体?』、フェラーズ『猿来たりなば』、クリスティー『書斎の死体』などをその例としてあげることができるだろう。こうした観点から見れば、顔を傷つけたり、剝奪したりという振る舞いは、捜査を混乱させるための「技法」の一パターンとして、ある程度まで説明をつけられるように思われる。そのかぎりでは、このトリックは、そもそも顔を人間の内面・身元を体現する特権的な部位と見なす観相学的な着想の内部で成立するものだといえる。しかしながら、ここで犯人(あるいはテクスト)が、そのまなざしの体制に抗して、これを逃れようとする闘いを試みていることはまちがいない。そこには、観相学的な想像力の体制に桔抗する力が作用しているのである。

そして、さらに視点を変えれば、これらの作品では、観相学的なコードでは読み解くことができない死者=死体の発見こそが契機となって捜査の物語を始動させているのだと見ることができる。少なくとも、身元を奪われた匿名の死体の表象は、謎解きのゲームでの機能性とは別の次元で、探偵小説の物語空間に独特のリアリティ(現実感)を与えている。この表象としての力に強調を置いて見るならば、首無しの死体はトリック上の必要から登場したのではなく、むしろその匿名化した死者の存在を描くために身元すりかえのトリックが口実として要求されたのだという説明もまた可能になる。そうであればこそ、謎解きの文脈には何ら関わらない場面でも、しばしば「変形した死者の顔」が描き出されるのである。

いずれにせよ、ジャンルの歴史のなかで「顔がない死体」や「変形した顔」の表象が執拗に反復されるという事実は、推理ゲームでの惑乱の技法という観点だけでは十分に説明されない。少なくとも、トリックとしての合理性の有無にかかわらず、ジャンルがかくも多数の「身元を失った死者」「顔を損なわれた死者」を描き出してきたという事実は残されている。それはなぜなのか。それが手がかりの束でさえないとすれば、無惨に投げ出された死者＝死体の描写はテクストのなかでどのような意味作用を担っているのか。こうした問いを、推理ゲームでの機能性という観点とは別の次元で発することが可能であり、また必要でもある。

4　表象の闘争

ここで、さらに問われるべき問題の位相を明らかにするために、いくつかの既存の論説を手がかりとしてみよう。

笠井潔は、一九九〇年代に著した一連の論考のなかで、探偵小説、とりわけ本格推理という物語形式を第一次世界大戦の大量死の経験に結び付け、これによってジャンルの歴史的位置を見定めようとしている。彼によれば、「探偵小説」、特に「本格推理」は「大戦が生産した無意味な屍体の山に対して、それを新たに意味づけ直さなければならないという衝動」を背景として浮上するものである。その物語は、個体の死の意味が剝奪された状況のなかで「固有の死」の栄光を表象しようとする逆説的な企ての回路として、その時代精神を表出している。

戦場で大量殺戮された、産業廃棄物さながらの死者の山に象徴される二〇世紀的な必然性に渾身の力で抵抗し、固有の死を再建しようと努めること。同時に、それ自体としてはアナクロニズムに過ぎない固有の死、栄光ある死、名前のある死を描出する結果として、裏側から大量死、瑣末な死、匿名の死の時代である二〇世紀の必然性を照らしだすこと。これこそ大戦間に英米で発生し、そして盛期を迎えた本格探偵小説の精神なのである(5)。

すなわち「人類がはじめて体験した大量殺戮戦争である第一次大戦と、その結果として生じた膨大な屍体の山」こそが「ポオによるミステリ詩学の極端化(6)」をもたらすのであり、したがって「ジャンルとしての探偵小説は、表現主義や未来派やシュールレアリスムと同様に、第一次大戦の無意味な屍体の山を目撃して生じた二〇世紀的な文学運動、芸術運動(7)」の一つに数えられなければならない。

探偵小説――本格推理――という特異な物語形式を総力戦経験へと接続していくこの笠井の洞察は、ジャンルの発展をうながした歴史的条件を考えるうえで欠かすことができない視点を示している。確かに、過度に傷つけられ、その顔を奪い取られた死者の描写は、文字どおり「人格的な固有性」とその「尊厳」とを剝奪されたまま投げ捨てられた人間の姿を形象化している。そこにはもはやや読み解かれるべき内面というような「人間的な深み」が失われ、死者は人格性をなくした物質――遺骸――としてただ積み上げられている。顔をつぶされた死体、首を切り落とされた死体は、死者の尊厳の喪失をあからさまに告げ知らせようとするのである。

しかしながら、「人間を図形に還元したり、それを他の図形と同列に扱ったりする意識」(『エジプト十字架の謎』)や「有意味な死体を無意味な屍体の山に隠してしまう」トリック(『ABC殺人事件』〔A・クリスティー、一九三六年〕)などを、「塹壕戦の膨大な死骸の山を目撃した畸型的な時代精神の産物」[8]として位置づけていく笠井の論述は、強い説得力をもちながらも、文学表象を単一の歴史的経験の反映物へと還元しているような印象を与えてしまう。また、笠井の図式のなかでは、「推理ゲームとしての探偵小説」がチェスタトンなどの手によってすでに大戦前から生み出されていたという事実をうまく意味づけられなくなる。他方、「新しい本格」が一九八〇年代の日本で起こるという事態に対しても、笠井は(「大量生」という概念を用いて)同型の説明を与えようとするのだが、そこにはある種の強引さが感じられる。

確かに、第一次世界大戦での大量死の経験は、探偵小説というジャンルの飛躍的な拡大をうながす決定的な契機だった。しかし、それは総力戦の経験が突然にもたらしたわけではなく、その前提となる土台はそれ以前から準備されてきたものだと見なければならない。また別の歴史的文脈では、さまざまに異なるファクターが相同的な状況を生み出し、その土台のうえに「本格推理」の開花は可能になったにちがいない。したがって、私たちに要求されるのは、総力戦と大量死がもたらした経験の形を、単一の歴史的事件に還元されないものとして概念化し、これを探偵小説という物語の論理構造と接続しながら、再度その虚構の世界のなかでの「死者の描かれ方」に説明を試みることである。

その課題に向けて笠井の議論をさらに一般化するとすれば、次のような形でそれを展開させることができるだろう。すなわち、探偵小説、特に本格推理という形式は、その社会のなかで信じられてきた「人間（性）」の概念が無効になるような形で既成の秩序が瓦解する場面に求められるものである、と。

ここで「人間（性）」という言葉を持ち出すのは、もちろん普遍的なヒューマニティーの存在を想定してのことではなく、個々の共同体の内部でレトリックとして流通する、日常的な相互了解の限界を指し示す概念としてである。おそらくそれぞれの社会のなかには、他者の行動を理解し、有意味な行為として構成するための言葉が「手持ちの知識」（アルフレッド・シュッツ）として蓄積されている。人々は、その手持ちの知識を動員して出来事を解釈し、その枠組みのなかで了解することができた場合には、他者の行為を「人間的な秩序」の範囲内にあるものとして位置づけることができる。

それは、犯罪などの逸脱的な行為についても基本的に同様である。たとえ殺人のような究極的な侵犯がなされた場合でも、その「動機」や「手段」を手持ちの語彙のレパートリーのなかで解釈しうるかぎりでは、基底的な秩序の感覚を揺るがすにはいたらない。その行為は、「人間」がしばしば犯しうる罪の範囲におさまってしまう。私たちは「殺人」といえども「人間」の物語として受け入れることができるのである。

しかしながら、「犯罪」や「逸脱」という現象はしばしば常識的解釈の範囲を超え出たものとして知覚される。このとき、それらの行為は、例えば「異常犯罪」というカテゴリーのもとにとらえられ、これを理解するために心理学や社会学といった「科学的」言説が動員されることになるだろう。その行為は、人々の日常的な秩序の感覚を脅かすものとしてフレーミングされ、それを語る言葉、例えば「震撼すべき」とか「恐怖の」といった形容詞が付されていく。そこでは、行為の主体は、「人間」の概念を揺さぶり、了解可能な範囲の外に出てしまったものとして位置づけられる。

探偵小説――本格推理――で語られる犯罪に関して、その「動機」や「手口」の了解可能性がどのような形で主題化されているのかについては、慎重な分析が要求される。(9) ただ、その事件が、何らかの形で既成の共有された解釈ツールを無効にするものであることは疑いえない。そこで、動機に照準が置かれるにせよ、その手段が問題視されるにせよ、一連の行為連関を「自然な」秩序を構成するものとして認知させる枠組み――例えばシュッツがレリヴァンスという言葉で呼んだもの――が機能しえない状況であるために、断片化した情報のつながりと見失われた出来事の推移を推理によって再構築するゲームが可能になる。名探偵たちが駆使する、特異にして超人的な理性のはたらきは、共同体のなかに蓄積され日常的な相互行為の過程に動員されている解釈図式と、手持ちの知識にもとづいて構成される秩序とが破綻し、その「人間的」な世界が廃墟の様相を呈している場面にこそ要求されるのである。

人間のものとは見えないほどに傷つけられ、顔を奪われた死体は、ひとまずこの廃墟のアレゴリーとしてそこに呼び出されるのだといえるだろう。例えば、『モルグ街の殺人事件』で、犠牲者の身体がずたずたに傷つけられ、その首が掻き切られるにいたるのは、獣的なものが市民的（ブルジョア的）な秩序を侵犯し、これを蹂躙したことの結果としてだった。死者の身体に浴びせられる過剰な暴力は、「人間的な秩序」の瓦解を印象づける格好のレトリックとして用いられているのである。

笠井が指摘した総力戦と大量死の経験は、西欧社会が「手持ちの知識」のなかに埋め込んできた「人間」の概念を一挙に瓦解させ、廃墟のなかに投げ入れるものであった。しかしそれは、決して第一次世界大戦によって初めてもたらされる事態ではない。少なくとも、モダンの社会空間のうちに人々は既成秩序の廃墟を嗅ぎ取り、そのエンブレムとして傷つけられた死者＝死体の表象を喚起してきた。その状況と表象の関係をさらに解きほぐしていくためには、死者＝死体の描かれ方を、近代社会での人間とその身体、あるいはその顔のイメージに結び付けていかなければならないだろう。

この課題に向けて、もう一つの先行的な論考を引用することにしよう。参照されるのは、富山太佳夫が「顔が崩れる」と題したエッセーで示した視点である。(10)

富山によれば、十九世紀末（一八八〇年代）以降の顔をめぐる言説のなかには、〈崩れる顔〉もしくは〈歪んだ顔〉の表象が反復的に提示されるようになる。例えば、「エレファントマン」と呼ばれた「畸形」的な疾患を負う患者の見せ物化（一八八四年――）と時を前後するように、フィクションの世界ではエミール・ゾラの『ナナ』（一八八〇年）や、ロバート・ルイス・スティーヴンソンの

『ジキル博士とハイド氏』（一八八六年）、ハーバート・ジョージ・ウェルズの『世界戦争』（一八九八年）などに相次いで醜く変形した顔が描出される。富山は、「崩れた顔」を分節化するそれらのまなざしが一つの言説群を構成するものと見なし、それが、どのような言説と拮抗する形で浮上してくるのかを問題にする。そして、このエッセーと同時に刊行された多木浩二との対談「見えない顔を読む」[11]のなかで、富山はこの「崩れた顔」の台頭は観相学的な視覚の体制から逃れ出ようとする意志の現れなのだという解釈を示している。

ヨハン・カスパー・ラヴァーターによって考案された観相術は十九世紀の半ばには一種のブームとしてヨーロッパ中に受け入れられることになるのだが、とりわけ一八八〇年代以降にはその枠組みが優生学的な思潮へと接続し、チェーザレ・ロンブローゾなどの手によって犯罪学や精神医学へと応用されていく。人間の心の内側を映し出す特権的な表象の場として顔を位置づけ、その相貌と内面の関係を既成のコードに従属させることによって不安定な他者の像を固定化しようとする技術が、これによってあからさまな権力性をもって機能するようになる。これに対し、十九世紀末以降、例えば印象派やキュビスムの絵画などが「歪んだ顔」や「変形した顔」を描き出し、観相学の「管理する視線を逃れようとする」のだと富山は見るのである。

対談のなかで多木がコメントしているように、この「崩れた顔」の表出を、芸術家による「意図的」な「反抗」のしるしと見なすことには、一定の留保が必要だろう。しかし、「傷つけられた顔」や「歪められた顔」が描き出されるコンテクストを考えるうえで、この富山の指摘は一つのヒントを投げかけてくれる。

図式的な整理をすれば、観相学という解読コードは、近代大都市の匿名的な社会空間の成立によって、それ以前の共同体的関係に埋め込まれた相互了解の技術が無効化したときに、これを補うものとして浮上した他者の正体の解読技法であった。「観相術」は、大量の人口の流入によって「巨大化」「迷宮化」した近代大都市で、「お互いコミュニケーションの回路をもたぬ異人同志《（ママ）》が何とか理解し合おうとするところから、徹頭徹尾相手の「外見」をことこまかに「観察」し、その結果を既成の解読コードに照らして、相手の正体をアイデンティファイしようとするテクネー」[12]として流行していったのである。もとからその前提には、他者を了解可能な秩序のもとに馴致しようとする表象の意志が横たわっている。多木が言うように、閉じた文化圏のなかに生きる人間は、まわりの人々の顔を、一種の「ランガージュ」として詳細に読み解く技術を共有している。そのため人は、その文化圏の外に出て、他者と遭遇するときにはじめて「顔の解読」という作業を自覚的な課題として意識することになる。十九世紀の都市社会（市民社会）での観相学の流通とは、そうした「他者」との遭遇の日常化に対応して要請された解読技法の浮上だった。「犯罪学」や「精神医学」へのその適用は、市民社会の秩序をおびやかす者たちを、自らの表象の体系のなかに取り込んでいこうとする統治権力の作用だったのである。

　こうした見取り図を前提とすれば、富山が示した〈崩れる顔〉の表象や探偵小説での破損された顔の頻出といった現象は、表象化の技術としての観相学的コード、あるいはその秩序からの「逸脱」の一形式として位置づけることができる。もちろんこれに対しても、デイヴィッド・A・ミラー[13]のように、「犯罪による逸脱」から「司法的な秩序の回復」へといたる探偵小説という物語形式では、結局のところ権力の勝利がうたわれているのであり、その作品は一望監視的な規律権力の道具となるのだという読み方もありうる。しかし、ここで重要なことは、探偵小説のテクストが、観相学的な秩序から逸脱してしまう他者の形象を執拗に浮上させ、そのコードに照らしては読み解くことができない死者＝死体の物語を繰り返し語っているという事実である。そこに描き出される顔がない死者、その顔面を醜く変形させられた死体の山もまた、富山が列挙した〈崩れる顔〉の一画に位置づけておくことができる。

では、そうした観相学的秩序からの逸脱と、これをめぐる表象の闘いは、どのような要求によって引き起こされるのだろうか。私たちは、観相学という知の体系が、他者を表象化するためのテクネーだったということを手がかりとして、「死者の表象」に関して一つの視点を設けることができるだろう。つまり、顔がない死者の反復は、他者の表象に関わる何らかの危機に対応しているのではないか、と。

5　他者の表象としての死者

その前に、なぜ、ほかでもない死者＝死体の表象によって他者の問題を集約することが可能になるのだろうか。これを考えるためには、死者の存在を、他者の知覚という問題系のなかに位置づけてみなければならない。私たちが他者の存在を認めるという事態が、さまざまな物の存在を知覚するのとは異なる独自の困難をともなうものであることはいうまでもない。他我問題という哲学上の難題に深く踏み入ることは、本書の射程を超える（と同時に、筆者の手に余る）課題だが、少なくとも、私たちが他者の顔を認知するとき、そこで何がおこなわれているのかを検討しておく必要があるだろう。

シュッツが、マックス・シェーラーを論じるなかで言っているように、私たちは通常、「他者の微笑のなかに彼の喜びを、彼の涙のなかに彼の苦しみを、彼の赤面のなかに彼の恥らいを、彼の合掌のなかに彼の祈りを」[14] 知覚している。生活世界の日常——他者との交通がスムーズに遂行されているような世界——のなかでは、他者の顔がまさに他の主観性の表出する場としてとらえられているのである。このとき、他者の顔を見いだすという作業のうちには、すでに二つの異なる認識形態が含み込まれている。一方で私たちは、ほかのさまざまな物の知覚と同様に、ここでも物質的形状としての顔と、筋肉の動きによって作られる運動過程としての表情を見ている。これを客体としての顔、あるいは木村敏の用語法を借りて「他者のノエマ面」[15] と呼んでおくことができるだろう。他方、その対象が他者の顔でありうるためには、そこに客体としての顔面やその運動には還元できないような特異な存在が見いだされていなければならない。すなわち、私によってまなざされるその「客体」には、同時に私の存在をまなざす他の「主体」が現れているのである。この「もうひとりの主体」、「他者のノエシス面」は、明らかに「客体」としての「顔」を抜きにしては認知されえない。しかしそれは、そこに対象として構成された「顔」を超え出た存在としてある。

「客体」視された「顔」が私の世界に内在するのに対して、私をまなざし返す他の「主体」は、私の世界の外に超出しながら、なお確かにそこにあるものとしてとらえられている。こうして、「私」の主観に対して異なる位置に立つ二重の存在が、顔を見るという単一の営みのなかに同時に立ち現れてくるのである。このとき、シュッツが強調するように、時間的な順序でまず「客体」としての「顔」を認識し、しかるのちに類推や感情移入を通じて自分と同様の自我の存在を想定するというような形で他者の存在が措定されるものではないだろう。[16] 私たちが顔を見いだす時点で、すでにそこには、私を見返す者としての他者の存在が把握されているはずなのである。

とはいえ、他者の顔を見いだすというこのプロセスのなかに、本質を異にする二種類の作業、したがってまた自己と他者との二つの関係性の原理が含み込まれていることの意味を過小評価するわけにはいかない。客体としての顔を知覚するという営みと、顔の現れに他の主体の存在を認めるという営みとはまったく別個の事柄であり、両者のあいだには論理的な溝が広がっている。その溝はしかし、日常生活の常態では難なく飛び越えられ、そこに亀裂があることさえ意識されることがない。言い換えれば、それが問題として顕在化しないように相互の関係を組織化する「装置」のうえに「日常生活の秩序」が保たれているのである。そうした条件のもとで、私が他者を見いだし、その他者とのあいだに相互関係を立ち上げていくということが、無理なく実現されうるものとなる。「他我の定立」という言葉で表現される事態のうちには、このように二つの異質な認識が飛躍を含みながら統合されているのである。

ところが、ここに措定される「他者が他者としてある」という認識は、常に問題なく獲得されるわけではない。現象学的な方法論に立つ精神病理学の記述が示すように、例えば「離人症」の患者では、「他者が同一性をもった他者としてそこにある」ということが実感をもって納得されないということが起こる。(17) 客体としての「顔」が見えていても、それを他の主体の存在を示す顔として把握することが困難になっている。現象としての顔の認知が、ただちに、私とのあいだで世界を共有する他者の存在の実感に結び付くことがない。したがって、他の主体の存在は疑わしきものとなり、危ぶまれ、推理されるべき事態と化してしまう。このとき、客体として把握された「顔」は、いわば「謎めいた記号」としてその人間の前に現出することになる。

また、こうした「離人症者」の世界では、「他者の存立の危機」と表裏をなす形で「自己の存在の危機」が生じている。「他者が他者であること」の障害は、「私が私であること」の実感の欠如に深く結び付いている。木村敏によれば、それは、もとから「自己の自己性の獲得」が他者との「あいだ」(前人称的な相互性)から立ち上がり、「自己」は「他者の他者性の獲得」と同時にその世界に存在することができるからなのである。「離人症者」の世界では、「真の他者主体との出会いが不可能にな」ると同時に、自己が自己として存在することの確からしさが奪われてしまう。

しかし、こうした病理学的な記述のなかに極端な症例を探し出すまでもなく、客体としての顔の認識と他者の存在の確信とのあいだにはズレが生じうるのだということを、私たちは折に触れ感じ取っているのではないだろうか。例えば、精巧な人形(マネキン)に相対して、それを生きている人間と取り違えてしまいそうになるとき。あるいはさらに人形をまねて不動の姿勢を取り続ける大道芸人の顔面を凝視するとき。そして極端な場合では、植物状態の患者の目をのぞき込み、そこに意識の有無をはかろうとするとき。普段は意識されない他者認知の二重性が、亀裂の感覚をともないながら主題化されるような場面をいくつも思い浮かべることができる。こうした状況では、顔として見えているものを、他者の存在の座と見なすことができるかどうかが問題として浮上してしまうのである。

そしておそらくは、死者＝死体に相対するという場面も、こうした特異な状況の一つに数えることができる。死者の存在は、私たちに他我の問題を意識化させる重要な機会の一つである。

例えば、私たちが、身近な親しき者の死に立ち会う場面を考えてみよう。こうした状況で、私たちは多くの場合に、死者を生者と同様に顔をもった存在として扱うことだろう。「安らかな死に顔」であれ、「苦悶をあらわにした死相」であれ、私たちは目の前に横たわる死者の顔を見いだし、その表情に他者の内面を読み取ることができる。そして、そこに顔が見いだされるかぎり、死者もまた一個の主観であり、一人の他者である。

だが言うまでもなく、死者に顔を見いだすというこの営みはきわめて奇妙である。私たちは、もはや目前の肉体が生命を宿さない、意識の活動をともなわない存在であることを知っている。にもかかわらず、私たちはそこに人間の存在のしるしを見る。つまり、そこに見ているものは、すでに存在しない人間の表情なのである。しかし、その事実を認識しながらも、私たちは他方で、それがもろもろの対象物と同じような単なる物質ではないのだとも感じ取っている。もはや生命をもたない、けれどもなお人格性をもった物。死体は、その独特の両義性と過渡性をもって私たちの世界に現れてくる。

したがって、私たちは、死者に相対するときこそ、肉体がただの物ではないということ、精神的存在と外延的存在との境界を容易に引くことはできないという事実を思い知らされることになる。その意味で、死者の両義性は他者の両義性の集約的な表現であり、死者をどのように表象するのかが、「他者」とは何者なのかという問いへの、一つの形象化された回答になりうる。

目前の死者に顔を看取するとき、私たちは死者の表情のうちに、内在的であると同時に超越的な存在としての「他者」のありようを見いだしている。私たちは死者を人格的存在としてそこに構成する。このとき、私たちはまさに死者と「対面」するのである。

だが、状況によっては、私たちは死者の顔を奪い取ることができる、あるいはそれをもはや「顔がない存在」として客体化せざるをえなくなってしまう。顔を削り取ったり、顔を塗り潰したり、あるいはそこにある顔をなきものとして度外視するということも、私たちの経験のなかにはありうる事態である。そのとき、私たちは、他者としての死者の存在を奪い去り、「それ」を単なる生命の残骸――死骸――として放置する。ここでは、死者は「物」として対象化されることになる。

しかし、死者に顔を見いだすこと（死者を人格的な存在として遇すること）も、逆に死者の顔を剝奪すること（死者を物と化すこと）も、表象の暴力であることに変わりはない。死者を人格的存在として表象するのは、イメージの操作による対象の馴致の技術である。私たちは、死者に呼びかけながらも、それがもはや人ではないことを知っている。一方、それを単純な物として描き出すことも、同様にイメージの歪曲にほかならない。私たちはそれを物へと還元しきれないからこそ、物質としてとらえられた死体に恐怖を感じるのである。

このように、死者＝死体は、物としても人としても扱いきれない何かとして私たちの前に横たわっている。そうであればこそ、死者＝死体を前にして、これをあるいは物へ、あるいは人間へと回収し、秩序化しようとする「表象の闘い」が繰り広げられる。逆に、レトリックの機会として見れば、死者の表象こそが、他者の存在を前にして作り出されるリアリティ、あるいはそのリアリティを支える「自己と他者との関係性」の表現として重要な手段となりうるのである。

では、探偵小説のなかに氾濫する死者＝死体の表象、とりわけ反復的に描き出される「顔がない死体」の形象は、文学的なレトリックとしてどのようなリアリティを現出させようとしているのだろうか。ここで想い起こされるのは、探偵小説の世界に「離人症」的なものを嗅ぎ取った丹生谷貴志の発言である。

> 探偵小説にはそれが狂騒的な陽気さを演じている時ですら、主人公、或いは作者から漂い出す一種の離人症、或いは空虚な神の匂いがする。離人症は生きられるものとしての世界から弾き出され、薄い皮膜によって世界－事件の外部に隔離されてある状態であるだろう。生きられるものとしての世界から隔離された者にとって自身及び世界は直接的な実感を伴わない空虚に閉ざされる。(18)

この「生きてある実感の喪失と引き換えに」、物語における探偵には事態を冷ややかに見通す「空虚な神の透視の能力」が授けられる。丹生谷によれば、この「離人症者の性格」は「本質的に傍観者であり観察者であるしかない」探偵の本質をなすものであり、さればこそオーギュスト・デュパンやシャーロック・ホームズからエルキュール・ポアロをへて明智小五郎や京極堂にいたる歴代の名探偵たちのなかには、「生きられる世界から弾き出されてあることの見返りとして与えられた全知の能力の空虚さ」が見いだされるのである。

ここには、探偵小説の世界の「質」をとらえる確かな読み手の感覚がある。これを受けて、ここまでの議論に接続するとすれば、探偵小説は、他者が他者として、また自己が自己としての存在感を獲得しえないような状況を、作品世界のベーシックな現実感として置いているのだといえるだろう。

6　二重の暴力とそのアレゴリー

ここから、さらに次のような命題を導き出しておこう。探偵小説はこの「離人症的空間」の様相、すなわち他者の存立の危機とそこからの回復の企てを、他者の身元（identité）の喪失とその再発見のゲームとして様式化しているのだ、と。

探偵小説は、他者の「正体（identité）をめぐる物語」として組織化されている。探偵が捜査と推理によって解き明かさなければならないものは、最終的には、犯人の正体——誰がやったのか——に集約されるのだが、そのプロセスでは、およそすべての登場人物について、それぞれの身元を問いただされなければならなくなる。そして、事件の発生（謎の設定）からその解決（謎の解消）にいたるまでのあいだ、すべての人物は誰もが容疑者となり、したがってことごとく信用がおけない人間、その外観の背後に何を隠しているとも知れない人間として現れることになる。

視点を少しずらしてみると、この状況は、客体として認知された他者の外観と、その奥に想定される他者の内面との連続性が保証されない状態として理解することができる。ここでは、他者の顔とその正体とを接続するためのコードが無効化し、とらえられた人格の妥当性が疑わしきものとなっている。生活世界の常態で私たちが無自覚に用いている他者の定立の技術が実効性を奪われ、顔を読み解くことで特定の他者の正体を措定していくという作業が宙づりにされてしまう。そこで、探偵に課せられた役割、すなわち事件の真相を暴き、犯人の名を告げるという職務は、同時に、人々の身元を明らかにし、自他のあいだの基礎的な信頼の前提を回復するという課題をともなうものとなる。誰が誰なのかという問いが顕在化しないような空間を取り戻すことは、人々の日常的な生活の場を立ち上げるうえで不可欠の条件となる。物語の結末で、探偵が人々を集め、事件の真相を解き明かすというお決まりの儀式をおこなうのは、これが相互主観的な世界——自他の交通がスムーズに遂行されうるような日常生活の世界——の回復を宣言し、それを人々に承認させるための大事な手続きになっているからである。そこに集う人々は、犯人の名とともに「他者の身元」を取り戻し、ひいては「社会」を呼び戻すのだといえるだろう。

ところで、出来事の真相の解明と他者の身元の回復というこの困難な企ては、どのようにして可能になるのだろうか。それは、言うまでもなく、探偵が行使する超人的ともいえる推理能力によってである。先に引いた丹生谷の言葉をとれば、探偵は、出来事の意味連関が見失われ、他者への信頼が欠落した状況に対して、一人「空虚な神の透視力」をもって挑まなければならない。その過激なまでの「理性」だけが、危機を収集する唯一の武器となるのである。

しかし、そこに行使される推論の「合理性」を探偵たちがどれほど声高に主張しようとも、「手がかり」から「事件の真相」へといたる推測のプロセスは、決して一義的かつ確実な結論を導出しうるものではない。トマス・アルバート・シビオク[19]がアブダクションという概念によって定式化した論理形式では、与えられた断片から個別的な事実へと遡及する際に、必ずや一定の飛躍をともなわざるをえない。また、多くの作家が実作のなかで主題化しているように、与えられた情報から論理整合的に可能となる推理は事実上複数個存在しているのであり、その論理性だけでは、探偵が「間違いを犯す」危険性を払拭することはできないのである。

一般的に、特定の推論についてその妥当性の感覚を支えているものがあるとすれば、それはやはり蓄積された共同的な感性にもとづくものだろう。それゆえに、その「暗黙知」の欠落した空間にただ「合理性」だけをもって「真理」を回復しようとするような探偵の企ては、もとから不可能事に挑みかかる「狂気の沙汰」とならざるをえない。こうして探偵の思考は、チェスタトンの言葉をとれば、「根無し草の理性」あるいは「虚空の中で酷使される理性」といった趣を呈することになる[20]。

こうした条件のもとで、探偵小説のテクストは、一つの論理的可能性でしかないはずの「推論」を絶対の真実として人々（登場人物と読者）に受け入れさせようとする（もちろん読者は、それをゲームのルールと割り切って受け入れている）。このとき、探偵は、他者の行為を自らの主観にもとづく理性的な秩序のなかで再構成していくことになる。だが、そうした理性的推論の妥当性が絶対化されるためには、探偵の主観に対する他者の「他者性」が消去されていなければならない。あるいは逆に、人々が探偵の推論を受け入れるとすれば、それは、一個の主観から下される解釈に事実を従属させることになる。いずれにしても、その秩序回復の企てには、一個の構成的主観（探偵あるいはテクスト）が行使する理性の暴力が要求されるのである。

こうして見ると、探偵小説——本格推理——という物語は、その形式のなかに二重の暴力を内在させているということができる。

一つは、犯人によって行使される、犯罪行為の暴力である。それは、殺人という究極的な行為のなかで、「人間的」な秩序を解体させるものとして作用し、解かれなければならない「謎」を浮上させる。

もう一つは、その「謎」に対して、探偵が行使する理性の暴力、あるいはその推理ゲームの妥当性を支えているジャンルの暴力である。探偵は、他者の行為によって「謎」をうがたれた世界に相対して「根無し草の理性」をもって挑み、自らが立てた合理的推論の枠組みのなかで事実を再構築しなければならない。そしてそのためには、他者を自己の主観的秩序のもとに組み込み、それを共同的な真実として承認させるだけの力を必要とする。

物語のなかに反復される深く傷つけられた死者——顔を奪われた死体——は、この二重の暴力の向けられるべき対象として現れ、その力の痕跡（換喩的記号）として作品世界に固有の現実感を与える。首がない死体、顔を損なわれた死者の姿は、一方で、もはや日常的な理解が及ばない他者の力が「人間的」な秩序を無に帰してしまったという事態を告げ知らせる。他方、その顔を失った死者の形象は、他者の人格性を押し殺し自己の理性を押し付けることでしか秩序を回復することができない探偵の企ての矛盾、その秩序化の暴力によって要求されるものでもある。顔を剥奪された死者は、二重の暴力のアレゴリーとして、その唐突な姿を読者の前にさらすのである。

＊引用作品

John Dickson Carr, *It Walks By Night*, Harper & Bros., 1930.（ディクスン・カー『夜歩く』井上一夫訳〔創元推理文庫〕、東京創元社、一九七六年）

Gilbert Keith Chesterton, *The Innocence of Father Brown*, Cassell & Company, 1911.（G・K・チェスタトン『ブラウン神父の童心』中村保男訳〔創元推理文庫〕、東京創元社、一九八二年）

Agatha Christie, *The Mystery of the Blue Train*, William Collins & Sons, 1928.（アガサ・クリスティ『青列車の謎』長沼弘毅訳〔創元推理文庫〕、東京創元社、一九五九年）

Agatha Christie, *The Murder at the Vicarage*, Collins Crime Club, 1930.（アガサ・クリスティー『牧師館の殺人』田村隆一訳〔ハヤカワ・ミステリ文庫〕、早川書房、一九七八年）

Elizabeth Ferrars, *Death in Botanist's Bay*, Hodder & Stoughton, 1941.（エリザベス・フェラーズ『自殺の殺人』中村有希訳〔創元推理文庫〕、東京創元社、一九九八年）

A. A. Milne, *The Red House Mystery*, Methuen, Dutton, 1921.（A・A・ミルン『赤い館の秘密』大西尹明訳〔創元推理文庫〕、東京創元社、一九五九年）

Edgar A. Poe, *The Murders in the Rue Morgue, Graham's Magazine*, 1841.（ポオ『黒猫・モルグ街の殺人事件』中野好夫訳〔岩波文庫〕、岩波書店、一九七八年）

Ellery Queen, *The Greek Coffin Mystery*, Frederick A. Stokes, 1932.（エラリー・クイーン『ギリシア棺の謎』井上勇訳〔創元推理文庫〕、東京創元社、一九五九年）

Ellery Queen, *The Egyptian Cross Mystery*, Frederick A. Stokes, 1932.（エラリー・クイーン『エジプト十字架の謎』井上勇訳〔創元推理文庫〕、東京創元社、一九五九年）

Dorothy L. Sayers, *Whose Body?*, T. Fisher Unwin, 1923.（ドロシー・L・セイヤーズ『誰の死体？』浅羽莢子訳〔創元推理文庫〕、東京創元社、一九九三年）

Dorothy L. Sayers, *Unnatural Death*, Ernest Benn, 1927.（ドロシー・L・セイヤーズ『不自然な死』浅羽莢子訳〔創元推理文庫〕、東京創元社、一九九四年）

Dorothy L. Sayers, *Have His Carcase*, Gollancz, 1932.（ドロシー・L・セイヤーズ『死体をどうぞ』浅羽莢子訳〔創元推理文庫〕、東京創元社、一九九七年）

S. S. Van Dine, *The Benson Murder Case*, Ernest Benn, 1926.（ヴァン・ダイン『ベンスン殺人事件』井上勇訳〔創元推理文庫〕、東京創元社、一九五九年）

注

（1）前掲『エジプト十字架の謎』一二五ページ

（2）山田登世子「顔のディスクール」「現代思想」一九九一年七月号、青土社

（3）Jacques Dubois, *Le Roman policier ou la modernité*, Nathan, 1992.（ジャック・デュボア『探偵小説あるいはモデルニテ』鈴木智之訳〔叢書・ウニベルシタス〕、法政大学出版局、一九九八年）、鈴木智之「探偵小説の形成とその文脈――E・ガボリオにおける物語の組織化と過去の表象」「帝京社会学」第十一号、帝京大学文学部社会学科、一九九八年、鈴木智之「正体（identité）をめぐる物語――E・A・ポー『群衆の人』（一八四〇年）を中心に」「社会労働研究」第四十五巻第三号、法政大学社会学部学会、一九九九年

（4）前掲『探偵小説あるいはモデルニテ』一二六―一二七ページ

（5）笠井潔『氾濫の形式』（「探偵小説論」第一巻）、東京創元社、一九九八年、三六ページ

（6）笠井潔『模倣における逸脱――現代探偵小説論』彩流社、一九九六年、七九ページ

（7）前掲『氾濫の形式』五七ページ

（8）同書六八ページ

（9）石倉義博「推理と動機――戦間期探偵小説の問題構成」「ソシオロゴス」第二十一号、ソシオロゴス編集委員会、一九九七年

（10）富山太佳夫「顔が崩れる」、前掲「現代思想」一九九一年七月号

（11）多木浩二／富山太佳夫「見えない顔を読む」同誌

（12）Judith Wechsler, *A Human Comedy: Physiognomy and Caricature in the 19th Century Paris*, Thames and Hudson, 1982.（ジュディス・ウェクスラー『人間喜劇――十九世紀パリの観相術とカリカチュア』高山宏訳、ありな書房、一九八七年、三〇〇―三〇一ページ）

（13）D. A. Miller, *The Novel and the Police*, University of California Press, 1988.（D・A・ミラー『小説と警察』村山敏勝訳、国文社、一九九六年）

(14) Alfred Schutz, *Collected Papers 1: The Problem of Social Reality*, Martinus Nijhoff, 1962.(アルフレッド・シュッツ『社会的現実の問題1』渡部光/那須壽/西原和久訳〔「アルフレッド・シュッツ著作集」第一巻〕、マルジュ社、一九八三年、二五四ページ)
(15) 木村敏『分裂病と他者』弘文堂、一九九〇年
(16) 前掲『社会的現実の問題1』
(17) 前掲『分裂病と他者』
(18) 丹生谷貴志『死者の挨拶で夜がはじまる』河出書房新社、一九九九年、七六ページ
(19) Umberto Eco and Thomas A Sebeok eds., *The Sign of Three, Dupin, Holmes, Peirce*, Indiana University Press, 1983.(ウンベルト・エーコ/トマス・A・シービオク編『三人の記号――デュパン、ホームズ、パース』小池滋監訳、東京図書、一九九〇年)
(20) Gilbert Keith Chesterton, *Orthodoxy*, John Lane, The Bodley Head, 1908.(G・K・チェスタトン『正統とは何か』安西徹雄訳、春秋社、一九九五年)

第2章　剝離する顔
――村上春樹『国境の南、太陽の西』における「砂漠の生」の相貌

廃墟、それはむしろ、目のように、あるいはあなたに見るにまかせながら全体についてはまったく何も示さない骨ばった眼窩の穴のように開いたあの記憶である。

（ジャック・デリダ『盲者の記憶』[1]）

村上春樹の小説には、しばしば、確かに生きていながら、生命の躍動の感覚をごっそりと脱落させてしまったかのような人間が登場する。それは、主人公の一時的な状態として描かれる場合もあれば、エピソードに登場する脇役の姿の場合もある。いずれにせよ、生きている者と生きていない者との境界に落ち込んでしまったこの人間たちは、不気味な相貌をさらして、私たちの前に現れる。そして、そこには、物語の駆動をうながした危機についての認識が集約されている。『国境の南、太陽の西』（一九九二年）に描かれた「顔がない女」の形象もまた、この系譜のなかに位置づけるこ

とができるだろう。これを手がかりとして、表面的にはありきたりなラブロマンスのようにも見えるこの作品の、基層に横たわる現実感覚を呼び起こしていくこと。これが本章の課題である。

1　空虚な「顔」

あたかもそこに物語の意味（あるいは無意味）を凝縮させるかのように、この作品は最後に一つの異様な相貌を浮かび上がらせている。それは、サイドストーリーに登場する一人の女の顔である。

作品全体は、語り手である「僕」――「始」――と、小学校時代の同級生だった女の子――「島本さん」――のラブストーリーにそって展開されていく。中学校に進んだあと、いつのまにか疎遠になってしまった「島本さん」が、二十五年後、「ジャズバー」の経営者として成功した「僕」の前に現れる。心の底でずっと互いを求め合っていた二人は、やがて必然のように関係を結ぶにいたる。

ところが、たった一度の夜をともにしたあと、「島本さん」は再び「僕」の前から姿を消してしまう――今度はおそらく永遠に、決定的な形で。そして、彼女の不在に押しつぶされ呑み込まれそうになる「僕」の前に、偶然のように高校時代のガールフレンド――「大原イズミ」――が姿を見せる。

それは、「島本さん」によく似た女を見かけた「僕」が、運転していた車を停め、むなしくその姿を追いかけていったあとのことだ。女の姿を見失った「僕」は、道端で信号機の柱にもたれかかり、「しばらく自分の足元を見つめて」いるのだが、「ふと目をあげ」ると、「そこにイズミの顔」がある。

イズミは僕の前に停まっているタクシーに乗っていた。その後部座席の窓から、彼女は僕の顔をじっと見ていた。タクシーは赤信号で停車していて、イズミの顔と僕のあいだにはほんの一メートルほどの距離しかなかった。彼女はもう十七歳の少女ではなかった。でも僕にはその女がイズミであることが一目でわかった。

（二八二―二八三ページ）

二十年ぶりの、思いがけない再会だったにもかかわらず、「僕」はそれがイズミであることを一瞬のうちに確信する。ただしそこには、「自然に人の心を引きつけるような素直な温かさ」（二九ページ）をもっていた少女の面影はなかった。そこにあったのは、「表情」という言葉で呼びうるものがすべて剝がれ落ちたような空虚な「顔」であった。

彼女の顔には表情というものがなかったのだ。いや、それは正確な表現ではない。おそらく僕はこう言うべきだろう。彼女の顔からは、表情という名前で呼ばれるはずのものがひとつ残らず奪い去られていた、と。それは僕に家具という家具がひとつ残らず持ち出されてしまったあとの部屋を思い起こさせた。彼女の顔には感情のかけらすら浮かんではいなかった。まるで深い海の底のように、そこでは何もかもが音もなく死に絶えていた。そして彼女はその表情のかけらもない顔で、僕をじっと見つめていた。彼女はおそらく僕を見つめていたのだと思う。すくなくともその目はまっすぐ僕の方に向けられていた。でも彼女の顔は僕に向かって何も語りかけてはいなかった。もし彼女が僕に何かを語ろうとしていたのだとすれば、彼女が語りかけていたものは果てしのない空白だった。

（二八三ページ）

「イズミ」と「僕」は、高校時代に「一年以上交際をつづけ」、そのあいだにゆっくりと、不器用に、親密な関係を作っていった。しかし、「僕」が彼女の従姉《いとこ》と性的な関係をもってしまったことで、「イズミ」は深く傷つき、二人の関係は破綻してしまう。そして、大学に進学したあと、「僕」は一度も「イズミ」に会っていない。

では、作品の最後にいたって突然に浮上するこの「イズミの顔」は何を意味しているのだろうか。既述のように、「僕」と「イズミ」の関係は物語の主導線をなすものではない。だが、ここで唐突に現れる「イズミ」との遭遇は、「僕」がそれまでに経てきた物語がもたらす一つの必然であるようにも感じられる。そして、読者である私たちも、この表情をなくしてしまった「顔」に出会うために、テクストを読み進めてきたようにさえ思える。

物語の終局に浮上してくる、もはや何も語りかけてくることがない「顔」とは何か。この点に照準を定めて、『国境の南、太陽の西』を読み直してみたいと思う。

2 取り返しがつかないこと——時間とその不可逆性をめぐる物語

時を遡って失われた現実をやり直すことはできない——この作品が、その意味での「時間の不可逆性」を主題として書かれていることはまちがいない。そして、テクストは律義に、その主題を登場人物によって語らせている。例えば、小学校時代の島本さんの言葉。

「世の中には取り返しのつくことと、つかないことがあると思うのよ。そして時間が経つというのは取り返しのつかないことよね。こっちまで来ちゃうと、もうあとには戻れないわよね。それはそう思うでしょう?」

（二〇—二一ページ）

これは、互いに「一人っ子」だった「僕」と「島本さん」が、「自分にもし兄弟がいたら」と思うことがあるかどうかを話していたときの台詞である。その問いに対して「僕」は、「ここにいる僕はずっと兄弟なしで育った」のだから「兄弟がいたとしたら」「今と違う僕になっていたはず」であり、だからもし「兄弟がいたら」と思うこと自体が「自然に反している」のだと答える。するとその答えに、「あなたの言ってること、なんとなくわかるような気がする」と言って、「島本さん」は「時間が経つというのは取り返しのつかないこと」だと語るのである。

「ある時間が経ってしまうと、いろんなものごとがもうかちかちに固まってしまうのよ。セメントがバケツの中で固まるみたいに。そしてそうなると、私たちはもうあと戻りできなくなっちゃうのよ。つまりあなたが言いたいのは、もうあなたというセメントはしっかりと固まってしまったわけだから、今のあなた以外のあなたはいないんだということでしょう？」

（二一ページ）

この言葉には、作品全体を貫く基本的なテーマが先取りされている。ひとたび一つの道を選択して歩き始めてしまったら、その時点での別の可能性を、もはやそのままの形でたどり直すことはできない。「ここはもう新しい世界であり、かつて存在した世界に通じる背後の扉は既に閉じられてしまって」（三四ページ）いる。「時計を逆に回すことはできない」（七二ページ）。時間の不可逆性に関するこの認識は、テクストのいたるところで言葉にされている。そして、その教訓的な認識が、作品の中心的な物語に織り込まれていく。

小学校を卒業して、「電車の駅ふたつぶん」離れた町に引っ越した「僕」は、しだいに「島本さん」のところから足が遠のくようになり、「そのうちに会いに行くことをやめて」しまう（二四―二五ページ）。それ以来、二人は、一度も顔を合わせることがない。しかし、「それはおそらく（略）間違ったことだった」と、ずっと「僕」は思っている。「僕はそのあともしっかりと島本さんと結びついているべきだったのだ。僕は彼女を必要としていたし、彼女だってたぶん僕を必要としていた」（二五ページ）。そして、長い年月が流れたあとでもまだこの認識――二人はお互いを必要としている――が真実だったことがやがて明らかになる。だが、まさにそれこそ「取り返しのつかないこと」ではなかっただろうか。二十五年後に二人が関係を結び直そうとすること自体が、「あと戻りできない」はずの時間を、逆向きに巻き直そうとする振る舞いなのではないか。最後に「島本さん」が姿を消してしまったということが、その企ての本質的な達成不可能性を語っているのではないのか。このような問いかけと、そこに与えられるであろう必然的な答えは、この小説の主題的な読解のなかから導き出されてくるものである。

とはいえ、それぞれが離れればなれに過ごした時間を取り戻すことはできないのだから、一度別れてしまった相手ともとどおりの関係を結ぶことはできないというメッセージを伝えるだけであるならば、『国境の南、太陽の西』は通俗的なラブストーリーの枠組みを一歩も出ていないことになるだろう。もちろん、一方でテクストは、そのようなありふれた読みをうながすかのように作品を構成している。三十代半ばで青山に二軒のジャズバーを経営し、雑誌（「ブルータス」〔マガジンハウス〕）に写真入りで紹介される男。水泳で鍛えた引き締まった体。育ちがいい聡明な妻と二人の娘。やり手の実業家である義父。そんな男の前に現れる初恋の女。その謎めいた私生活。美しく変身した女（「島本さん」は手術を受けて、もう子どものころのように足を引きずってはいない）との秘密の旅行、そして一夜限りの「関係」。そこに取り揃えられる要素も、物語の展開もすべて、「スタイリッシュ」な記号のオンパレードである。どうやら村上春樹は、故意に定型的なアイテムを並べて、ジャンル小説――「ハーレクインロマンス」的なといってもいいだろう――の形式をなぞっているのである（「時を巻き戻すことはできない」という教訓も、それ自体は、この物語パターンから生み出されるお決まりの結論の一つにすぎない）。だが他方で、それが作意なのだとすれば、このような型の反復を通じて、実際のところテクストは何を思考しようとしていたのか。この小説の潜在的な賭け金は何だったのだろうか。

この、もう一歩踏み込んだ問いかけをうながす一つの要素が、「イズミ」の存在である。もしこの小説に「イズミ」が登場せず、「僕」と「島本さん」の再会と別れ、それに続く「妻」との和解の物語だけが語られていたならば、私たちはこれをラブロマンスの枠組みを超えたテクストとして読む術をもてないかもしれない。作品全体を主導する（定型的に）「おしゃれ」なラブストーリーの裏側に、もう一つ別の、救いようもなく凡庸で惨めな物語が貼り付いていることに気づかないかもしれない。その二つの物語のあいだに秘かな緊張の糸を張り渡すことによって、『国境の南、太陽の西』は、現代的な生の実相――その酷薄さ――を語る小説たりえているように思われるのである。では、物語の基底に横たわるものとはいったい何なのだろうか。

3　砂漠の生――はかなさと酷薄さ

「イズミ」と「僕」は、高校三年生の冬に別れてしまったあと、前述の最後の場面にいたるまで一度も顔を合わせていない。しかし、作品中には二度、「イズミ」の消息が伝えられる機会がある。

一つは、二人が別れるきっかけになった「従姉」の死を伝える葉書――葬儀の会葬礼状――が「僕」のもとに送られてくる場面。「僕」はすぐに、その葉書を送ってきたのが「イズミ」だと察知する。「彼女以外に僕のところにそんなものを送ってくる相手はいない」（一〇一ページ）からである。しかし、なぜ彼女はそんな通知を送ってきたのか。それを考えるなかで「僕」は、その葉書に「彼女の硬く冷たい感情」を読み取っていく。

イズミはまだ僕のやったことを忘れてもいないし、許してもいないのだ。そして彼女はそのことを僕に知らせたかったのだ。そのためにイズミはこの葉書を僕に送ってきたのだ。

（一〇一ページ）

その無言のメッセージは、「イズミは今きっとあまり幸せではない」ことを「僕」に教える。もう一つの知らせは、バーを訪ねてきた「高校時代の同級生」によって語られる。「豊橋」を訪れたというその友人は、偶然、あるマンションのエレベーターで「イズミ」に出会う。まだ「大原」という姓のまま一人で暮らしているらしい「イズミ」の、異様とも思える相貌の変わりようを、友人は口ごもりながらも「僕」に伝える。「あの子はもう可愛くはないよ」「あのマンションの子供たちの多くは彼女のことを怖がっているんだ」。そして、その様子をさらに問いただす「僕」に、自分には「それがうまく説明できないし、また説明したくもない」「実際に見てない人間に向かってそれを説明することはできない」（一〇九―一一〇ページ）のだと答える。そして彼は、帰り際に

「僕」の肩を叩いて、次のように語る。

「なあ、年月というのは人をいろんな風に変えていっちゃうんだよ。そのときに君と彼女とのあいだで何があったのかはしらない。でもたとえ何があったにせよ、それは君のせいじゃない。程度の差こそあれ、誰にだってそういう経験はあるんだ。俺にだってある。嘘じゃないよ。俺にだって同じような覚えはあるんだ。でも仕方ないことなんだよ、それは。誰かの人生というのは結局のところその誰かの人生なんだ。君がその誰かにかわって責任を取るわけにはいかないんだよ。ここは砂漠みたいなところだし、俺たちはみんなそれに馴れていくしかないんだ」（一一〇—一一一ページ）

その「同級生」の言葉を反芻しながら、「僕」は思う。「あるものは断ち切られたようにふっと消え去り、あるものは時間をかけて霞んで消えていく。そしてあとには砂漠だけが残るんだ」（一一一—一一二ページ）

「イズミの顔」の変貌を考えるためにも、ここで「砂漠」というメタファーによって語られているものを解きほぐして、その基底にある現実感覚を言葉にしていかなければならないだろう。

「砂漠」はまず、そこに棲むすべての生を呑み込んで成長していく巨大な環境世界の喩えとして持ち出されている。この場面で「同級生」は、ウォルト・ディズニーの映画『砂漠は生きている』（監督：ジェームズ・アルガー、一九五三年）に言及し、以下のように言葉を継いでいる。

「あれと同じだよ。この世界はあれと同じなんだよ。雨が降れば花が咲くし、雨が降らなければそれが枯れるんだ。虫はトカゲに食べられるし、トカゲは鳥に食べられる。でもいずれはみんな死んでいく。死んでからからになっちゃうんだ。ひとつの世代が死ぬと、次の世代がそれにとってかわる。それが決まりなんだよ。みんないろんな生き方をする。いろんな死に方をする。でもそれはたいしたことじゃないんだ。あとには砂漠だけが残るんだ。本当に生きているのは砂漠だけなんだ」（一一一ページ）

それぞれに生きようとする個体としての生命、あるいは種としての生命をもすべて包摂して、最後には環境世界だけが生き残る。個別の生を左右する偶発的な条件は、ときには酷薄な死滅をもたらすこともあり、反対に繁栄を導くこともある。しかし、その運命の違いは、結局のところたいした違いではない。最後にはすべてが死に絶え、「砂漠」だけが生き残るからである。

その内部にある多様な存在を抱え込み、結局はそのすべてを死にいたらしめながら生き残っていく巨大な世界の比喩は、この小説では端的に、「僕」の人生を「すっぽりと呑み込」んでいる巨大なシステムのイメージに重ね合わされることになる。それは「より高度な資本主義の論理によって成立している世界」（九八―九九ページ）である。そして、その世界の論理を体現するものとして「僕」の前にいるのが、「妻・有紀子」の「父」である。

この「義父」は、「僕」にバーを経営するための資金を提供し、経営の基盤を与え、余った売り上げを不動産に投資して運用する方法を教える。「ものごとにはそれなりのやり方というものがある」と彼は語る。そして「僕」は、「彼の言うやり方というのは、彼がこれまでに築き上げてきたシステムのことなのだ」（九七ページ）と思う。

有効な情報を呑み込み、人的ネットワークの根を張り、投資し、収益をあげるためのタフで複雑なシステムのことだ。収益された金はときには様々な法律や、税金の網を巧妙にくぐり抜け、あるいは名前を変え、かたちを変えて、増殖していく。彼はそういうシステムの存在を僕に教えようとしているのだ。（九七―九八ページ）

もちろんこのシステムは「義父」の独創の産物ではない。むしろそれは、生産の土台を欠いたまま、記号化した財が新たな財を増殖させていく「高度資本主義」の仕組みそのものであり、要するに「義父」はこの時代の論理を正確に把握して、これに忠実に生きているにすぎない。そして、この「義父」との出会いが、「僕」を経営の世界へと導き入れているのである。

バーのオーナーとしての成功が、自分の実力によるものではないことを「僕」はよく知っている。そして、砂漠の生き物がすべて死に絶えてしまうように、自分と「有紀子」の生活もいずれはことごとなげに消え去っていき、あとにはただ「システム」だけが残るのだということを正確に予見している。「僕」は「有紀子」の体を抱きしめながら思っている。

僕は有紀子の存在を手のひらに感じることができた。でもそんなものがいつまで存在しつづけるのかは誰にもわからない。かたちのあるものはあっという間に消えてしまうのだ。

（一九一ページ）

また、「お馬を買ってほしい」という娘と、どんな馬を買って、どこに行こうかという話をしながら、「僕」は「明日はいったいどうなるんだろう」と考える。

俺は明日はいったいどうなるんだろう、と僕は思った。僕はできることなら娘にすぐにでも馬を買ってやりたかった。いろんなものが消えうせてしまう前に。何もかもが損われて駄目になってしまう前に。

（一九五ページ）

個としての意志の力を超えて、偶然に、ある者を繁栄に、ある者を死滅に導き、しかし結局はすべてが消えうせ、何もかもが損なわれてしまう世界。それが「砂漠」である。

私たちはここで、この「砂漠」的世界を生きる者の生が、二重の様相で語られていることに着目していいだろう。

一つはその現実のはかなさである。例えば「僕」は、いまこの世界では経済的な成功を手にし、家族とともに「おおむね幸せな生活」（九九ページ）を送っている。しかし、それはいつ無に帰し、きれいに消え去ってしまうかもわからないものと感受されている。「いろんなものが消えうせ」、

「何もかもが損われて」しまうことが必然であるかのようだ。とすれば、前節で確認した時間の不可逆性についての認識にも若干のニュアンスを付け加えることが必要になるだろう。失われた過去を取り戻しがたいのは、ある時点で選び取った現実がすでに確かなものとなっているからではない。むしろ、現実として選び取られたはずの生がかくも不確かで脆いものだからこそ、選び取られなかった過去への思いが御しがたいものになってくるのだと。

他方、「砂漠」的世界を特徴づけているもう一つの様相は、他者の生に対する酷薄さである。先に見た引用のなかで「同級生」は、すべてが環境世界の論理にしたがって動いているのだから、たまたまそのなかで成功を手にしている者が破綻してしまった者に対する「責任」をとることなどできないのだと語っている。だから「イズミ」とのあいだに何があったにせよ、それは「君のせいじゃない」のだ。確かに、それは一つの現実的な認識である。しかし、本当にそう言い切ってしまうことができるのか（そうであるならば、「僕」の物語が語られる理由などどこにもないことになるだろう）。そして、そもそもなぜ、この世界に生きる者たちは他者の生に対して避けがたく「無責任」にならざるをえないのだろうか。

その「なぜ」は、「高度資本主義」的世界を生きる者たちが弱肉強食的な闘争の論理にしたがっているから、というだけでは説明がつかない。少なくとも「僕」は、他者の生を犠牲にして生き延びようとする強者の論理を体現しているわけではない。にもかかわらず、その「僕」までもが、他者を傷つけ、その生を損ない、その責任さえもとることができない存在と化してしまう。それはなぜか。問われなければならないことはそこにあるように思える。

このように考えてみるとき、右にあげた生の二つの様相はいずれも、高度資本主義的世界を規定する一つの根本的な条件に結び付いていること、そしてそれがこの小説世界を駆動する根本的な問いかけに結び付いていることが、おぼろげながら見えてくる。その条件とは、「生の偶発性」である。

4 このあまりにも偶発的な生

「砂漠」的世界に投げ込まれた人々の生を、個人の生活史の次元でとらえ返してみたとき、そこに浮かび上がってくるのは「偶発性の支配」という現実である。人々の生活は、安定的なプロットラインのうえに方向づけられず、制御しがたい偶然の要素によって左右され、期待も予期もしていなかった場所へといつのまにか連れ出されてしまう。それが『国境の南、太陽の西』に登場する人々の生の形である。そしてテクストはやはり、偶然こそが規定力であることを、随所で明確に語っている。

例えば、「僕」と「有紀子」との出会い。それは、「教科書会社」に勤めていた「僕」が夏休みに一人で旅行していたときのことであった。

田舎道を散歩していると突然激しい雨が降りだして、雨宿りに飛び込んだところに、たまたま彼女と彼女の女友だちがいたのだ。僕らは三人ともぐしょ濡れになっていて、そんな気安さで雨があがるまであれこれと世間話をしているうちに仲良くなった。もしそこで雨が降らなかったら、あるいはもし僕がそのとき傘を持っていたら（それはあり得ることだった。僕は傘を持っていこうかどうしようか、ホテルを出るときにけっこう迷ったのだから）、僕は彼女とめぐり会わなかったはずだ。そしてもし彼女とめぐり会うことがなかったなら、僕は今でも教科書の会社に勤めていて、夜になると一人でアパートの部屋の壁にもたれて独り言を言いながら酒を飲んでいたかもしれない。（九一ページ）

そして、この偶然の出会いが結婚につながり、中堅の建設会社の社長だった彼女の父親に「僕」を引き合わせる。この「義父」の勧めで始めた青山のジャズバーは「予想を遥かに越えて繁盛し」（九五ページ）、二年後にはもう一軒の店を出し、収益を上げ続ける。「僕」と「有紀子」は「青山に4LDKのマンションを買い、BMW320を買」い、「三十六になったときには」「箱根に小さな別荘を持って」（九六ページ）いるまでになる。そして、この一連の成り行きを「僕」は冷静に、すべて偶然の積み重ねによるものと認識し、そのためにこの「成功」に対してやましさと居心地の悪さを感じている。

たしかにもし義父に出会わなかったなら、僕はたぶん今でも教科書を編集していたはずだった。そして西荻窪のぱっとしないマンションに住んで、エアコンのききのわるい中古のトヨタ・コロナにでも乗っていたことだろう。僕はたしかに与えられた条件のなかでかなりうまくやったと思う。僕は二軒の店を短期間で軌道に乗せ、全部で三十人以上の従業員を使い、水準を遥かに越えた収益を上げていた。経営は税理士が感心するくらい優良だったし、店の評判も良かった。とはいっても、その程度の才覚のある人間なら世の中にはいくらでもいる。僕でなくても、それくらいのことができる人間はほかにもいる。でも義父の資金と、そのやり方を抜きにしては僕ひとりでは何もできなかっただろう。そう思うと僕は居心地の悪さを感じないわけにはいかなかった。なんだか自分ひとりが不正な近道をして、不公平な手段を使って、いい思いをしているような気がした。　（九八ページ）

ここに見られる仮定法（「もし…だったなら、…だったろうに」）の反復。それがこの作品の語りを編成する基本的な文法形式である。「もしあのとき雨が降らなかったら」、「もし義父に出会わなかったなら」、「僕」にはまったく別様の現実が広がっていたことだろう。この「砂漠」的世界のなかで、「偶然にも成功に導かれる生」。これが「僕」の体現しているものなのである。

　そして、いま現在の現実がすべて偶然の産物であればこそ、それはいつ消え去ってしまうかもしれないものであること、その消失を自分の力では食い止めることができないのだということを、「僕」はよくわきまえている。「はかなさ」は「偶発性」の帰結である。

　とはいえ、個々人の生が偶然の要素に左右されるというだけのことであれば、それはあまりにも当たり前のことだというべきではないだろうか。確かにそれは、そのかぎりでは普遍的な事実である。だが、それにもかかわらず多くの人は、予想外の状況に直面し、思いもよらなかった事態の展開に翻弄されながらも、その結果として描き出されていく足跡を、自分自身が歩んだ道として受け止めることができる。それが思い描いていたとおりのものではなかったとしても、結果として選び取られた道筋を私の人生の軌道として引き受けていく。

ところが、『国境の南、太陽の西』では——少なくとも「僕」においては——、偶然の積み重ねのなかで形作られてきた現実を自分自身のものとして確かに感じ取ることができなくなってしまっている。自分が（ある意味では自分の意志で）歩んできた道筋であるにもかかわらず、まるで借りてきた他人の人生を生きているかのような感覚。「僕」はそれを繰り返し言葉にしている。

> 僕はBMWのハンドルを握ってシューベルトの『冬の旅』を聞きながら青山通りで信号を待っているときに、ふと思ったものだった。これはなんだか僕の人生じゃないみたいだな、と。まるで誰かが用意してくれた場所で、誰かに用意してもらった生き方をしているみたいだ。いったいこの僕という人間のどこまでが本当の自分で、どこから先が自分じゃないんだろう。ハンドルを握っている僕の手の、いったいどこまでが本当の僕の手なんだろう。このまわりの風景のいったいどこまでが本当の現実の風景なんだろう。それについて考えれば考えるほど、僕にはわけがわからなくなった。
>
> （九九ページ）

僕は車のハンドルに両手を載せ、目を閉じた。僕は自分の体の中にいるようには思えなかった。

僕の体はどこかから間に合わせに借りてきた一時的な入れものみたいに感じられた。
（一九五ページ）

「僕」には、自分の体も周囲の風景も、ヴァーチャルに構成された仮想的現実であるようにしか感じられない。すなわち、生の偶発性が、それを自己の現実として受け止め直す力を上回ってしまうほどに高まっているのである。そして、おそらくここには、「物語の力」の欠落、あるいはその決定的な不足を見なければならない。

物語《ナラティヴ》とは、出来事の推移を時系列的な秩序のなかに配置することを通じて、そのなかに「必然的なつながり」の感覚を生み出していく認知的手続きである。人は物語ることによって、偶然の累積のなかにも因果的な連鎖を発見し、これを一続きのストーリーとしてとらえ返すことができる。それは、常に別様の可能性へと開かれている生が、そのつどほかの道筋を消して一つの現実へと縮減されていく過程を、事後的にたどり直し、一筋の軌道として描き直す営みである。そして、この物語化の作業を通じて、人は、偶然によって規定されてきた行程を、自分自身の人生として受け取り直すのである。

そうであるとすれば、「僕」にとっての問題は、人生の現実が偶然に左右されていることそれ自体にではなく、その成り行きを「自己の物語」としてまとめ直す力の欠落にある。自分自身が経験してきた出来事の推移を、私自身の生の軌道として統合形象化し、自分が自分の「物語的時間」を生きているという感覚を確かなものとしていく力の脆弱さ。「僕」の語りで仮定法（「もし…だったなら」）が繰り返されるのは、そうした物語の弱さゆえのことである。

一人の人間の生活史を、その人自身の視点からたどり直すかのように語られてきたこの物語の基底には、生の軌道を自らの物語へと統合することの困難――自己物語の困難――が見通されているといわなければならない。

5 運命の恋、あるいは物語の起源

しかし、そのような意味で個々人の生が「不確か」なものだからこそ、「揺るぎなく確かなもの」が格別の意味をもって浮かび上がってくるのだといえるだろう。この作品で、「僕」と「島本さん」のあいだにあるものは、時を経ても決して変質することがないという点で例外的な価値を帯びている。実際、唯一この二人の関係だけが、この世界にあって条件依存性を免れているように見える。

ここに語られるラブストーリーは、「運命の恋（赤い糸）もの」とでも呼べるような定型を反復している。にもかかわらずそれが物語《フィクション》としての吸引力をもちうるのは、その背景に徹底的に偶発的な世界が置かれているからである。そこでは、感情も欲望も、善も悪も、すべてが条件次第で変容してしまう。その世界にあって、現実の「はかなさ」におびえる者たちにとっては、どのような境遇にあっても、どれだけ離れればなれになっても、変わらず求め合い続ける関係そのものがユートピアであり、したがって物語の機動力でもある。

しかも、「僕」と「島本さん」との関係は、偶発性が支配する世界に立ち現れる絶対的なもの、という意味だけを担っているわけではない。右に見たような「物語の困難」を前提に置いてみれば、「僕」にとって、「島本さん」との関係の回復は、すべてが仮のものとしか感じられなくなってしまった世界に、ゆるぎない投錨点を取り戻す試みでもあった。「僕」が投げ込まれているこの偶発的な世界のなかに「島本さん」が現れたのではなく、「島本さん」が不在になってしまったからすべてが偶発的なものになってしまったのである。だからこそ、「もし島本さんと離ればなれになっていなければ……」という仮定が、その後のすべての現実の「確かさ」を宙づりにする効果をもつ。彼女は「僕」の自己物語に起点を与えるはずの存在だった。ところが「僕」は、うかつにもその出発点を手放してしまったために、自らの経験の一切を暫定的に選び取られたもの、どこかから借りてきたものとしてしか受け止めることができなくなってしまった。皮肉にも「始《はじめ》」と名づけられた男の物語は、その意味で「始点」を喪失していたのである。

また、そうであるがために、先に確認した時間の不可逆性についての認識も、単に「ひとたび失われたものを取り戻すことはできない」ということだけを語るにはとどまらない。「僕」にとって「島本さん」とのつながりの回復は、生の偶発性が露呈し、自己の経験の受容（経験を自分自身の現実として受け取ること）が困難になってしまった世界からの回復の企てでもあった。そして、「島本さん」を（決定的な形で）見失ってしまうということは、自分自身の生の物語を取り戻す唯一の回路を閉ざしてしまうということでもある。そのあとに「僕」が帰りついた場所――「有紀子」との生活——では、「僕」は現実のすべてを「どこかから間に合わせに借りてきた」ものとして受け入れていかなければならない。物語はそうした「断念」——もちろんそれを「成熟」と言い換えてもいい——とともに閉じられているのである。

さて、そうであるとすれば、「島本さん」がいなくなった場所に突如として現れる「イズミ」の「顔」は、ユートピアの幻想が剝がれ落ちたあとに露呈する世界のありようを示している。すなわち、それは「砂漠」の相貌なのである。

6 「私は悪をなしうる存在である」

「僕」と「イズミ」との関係は、「島本さん」との関係とは、あらかじめ決定的に異なっている。なぜなら「イズミ」は、すでに「島本さん」がいなくなってしまった世界、すべてが暫定的なものとしてしか現れることがない世界で出会った女の子だからだ。

もちろん、「僕」は「イズミのことが好きだった」し、彼女が「ガールフレンドでいてくれることに感謝」（四二ページ）もしていた。「彼女は基本的には素直で気持ちの良い女の子だった」。そして「彼女の隣に座ってその指に手を触れていると、僕はとても自然な温かい気持ちになることができた」（四二ページ）。彼女にキスをすることや、その体を（セックスまでは許してもらえなくても）抱きしめていることは「素晴らしいこと」（四三ページ）だった。それでも「僕」は、そこに「手放しの幸福感」（三三ページ）を抱くことができなかった。「イズミ」にはたくさんの「美質」があったが、「僕」は「いつまでたっても僕のためのものを発見できな」かった。「彼女には決定的な何かが欠けていた」（四四ページ）のである。

「僕」が感じ続けたこの「迷い」のもとには、「島本さん」の影がある。

> もし仮に僕が抱いて口づけをした相手が島本さんだったなら、今ごろこんな風に迷ったりはしていないだろうなとふと思った。僕らはお互いのすべてを無言のうちにすんなりと受け入れたことだろう。そしてそこには不安とか迷いといったようなものは一切存在しなかっただろう。
> （三三ページ）

「もしそれが島本さんだったとしたなら……」。ここに現れる仮定法が、おそらくは「僕」の現実感（あるいは非現実感）の根底にある。「僕」はすでに「島本さん」が不在となってしまった世界、「僕自身の新しい世界」（三四ページ）のなかにいる。そしてそれは、「物語の起点」を見失った世界なのである。

　この世界では、相手が誰であるかにかかわらず、「決定的」なことは何も起こりえない。すべては、仮定法を通じて回帰する別様の可能性によって相対化され、「とりあえずの現実」として生起する。それは状況次第でどのようにも変わってしまいかねないものである。そしてそのことを、「僕」は正確に認識している。「イズミ」に対して「僕は君のことが好きだし、君のことをそんなに簡単に忘れたりはしない」と言って聞かせながら、「本当のことを言えば、僕にはそれほど確信が持てなかった」と告白する。「場所が変っただけで、時間や感情の流れががらりと変ってしまうことだってある」（五二—五三ページ）からだ。

その認識を、「僕」は確かに、（中学に進んだあと）「島本さん」に会いにいくことをやめてしまったという経験から得ている。しかし、「僕」にとっては、その喪失が「最初の」喪失であり、そこに戻らなければこの「偶発性の露呈する世界」から脱け出すことはできない。そして「僕」と「島本さん」の互いの感情だけは、「場所」が変わってしまっても、まったく変わることなく続いている。そこに特権的な例外性が割り当てられている。言い換えれば、それ以外の場所では、そしてそれ以後の世界では、「時間」も「感情の流れ」も、状況に応じていくらでも変質しかねないのである。

「イズミ」もまた、二人の関係に「決定的な何か」が欠けていること、「僕」の感情がどうにでも変わりうるものであることに気づいている。だからこそ彼女は、「僕」とのあいだで決定的な一歩を踏み出すことができない。「でもこの町を離れたらきっとあなたは私のことなんか忘れてしまうわ。そして別の女の子をみつけるのよ」（五二ページ）と、彼女は「僕」に「何十回」も言う。「イズミ」は「本当に」確かなものを求めている。「僕」が、そのときどきの感情を超えて、「本当に何を考えているのか」（五三ページ）が、彼女にとっては問題なのである。

そんな「イズミ」の願いは、当然のように、「僕」によって——あるいはこの世界によって——裏切られることになる。二人の破局は、「僕」が突然、「イズミ」の「従姉」と肉体的な関係をもってしまうことによってもたらされる。それは、感情や意志にもとづく行為というより、むしろ「物理的な吸引力」（六四ページ）によって引き起こされた出来事として語られる。精神的なつながりがまったくないところに、単純な肉体的な欲望によって生じたこの性的な関係は、何の脈絡もなく浮上する事件《アクシデント》である。それは文字どおり偶発性の所産としてこの世界に現れる。言い換えれば、「僕」においては、自らの身体もまた状況に応じてどうにでも変容する、制御不能な要素として与えられているのだ。

とはいえ、当然のことながら、それは「イズミ」を深く傷つける。この偶発性が支配する世界で「確かなもの」を求めているがために、「必然的に破綻へと導かれる生」。これが「イズミ」の体現するものだといえるだろう。

しかし、視点を変えて見れば、「時間や感情の流れ」においてさえ、（偶発的に）どのようにも変質しうる世界にあって他者と関わるということは、いつどんな場所で他者を裏切り（他者に裏切られ）、傷つける（傷つけられる）かもしれないということを意味している。「私」は、意図において「悪意」をもたずとも、他者の生を損ないかねない存在なのである（もちろん、他者もまた「私」の生を損ないかねない）。ここに「砂漠」的世界の生を規定するもう一つの様相が浮かび上がる。ここでは、それぞれの時点でどれほど誠実な思いを抱いていようとも、それが揺るぎなく変わらないという保証を得ることができない。「私」はいつ他者を裏切り、その人の生を損なうかもしれない。だから、「同級生」が「僕」に語ったように、「誰かの人生というのは結局のところその誰かの人生なんだ」と割り切るしかない。他者の生に対して、人は避けがたく「無責任」であらざるをえない。

その「酷薄さ」もまた「偶発性」の帰結なのである。
そして、この認識こそ、「僕」が「イズミ」との関わりのなかで（自らの裏切りのあとで）獲得したものにほかならない。

それは、僕という人間が究極的には悪をなし得る人間であるという事実だった。僕は誰かに対して悪をなそうと考えたようなことは一度もなかった。でも動機や思いがどうであれ、僕は必要に応じて身勝手になり、残酷になることができた。僕は本当に大事にしなくてはいけないはずの相手さえも、もっともらしい理由をつけて、とりかえしがつかないくらい決定的に傷つけてしまうことのできる人間だった。
（六六ページ）

だが、そのように「悪」をなすことができるからこそ、「僕」はこの「砂漠」的世界をどうにか（成功するかどうかは、先に見たように、偶然に依存するにしても）生き延びることができる。そしてその代償として損なわれてしまったものこそが、「イズミ」の生である。だから、「揺るぎなく確かなもの」への幻想が破れてしまったあとで、なおこの世界を生き延びようとする者は、否応なく「イズミ」の「顔」を目の当たりにしなければならない。

7　人と人のあいだに現れる顔

しかし、ではなぜその「顔」は、「表情という名前で呼ばれるはず」の一切を運び去られたものとして浮上してくるのだろうか。物語のテクストは、その形象にどのような認識を凝縮させようとしているのだろうか。

私たちはここで、顔が表情をもつとはどのようなことであるのかを単純に考えてみよう。それは、顔が身体の物質的表層の一部分、あるいはさまざまな感覚器官が集中している一部位であることを超えて、そこに意識や感情をもった存在――人の存在――が現れていることを意味している。このとき顔は、さまざまな意味が集約的に読み取られる場所であり、同時に（レヴィナスの考え方を借りるならば）「私」によって把握可能な意味世界を超えて、「他者」が現れる形そのものでもある。では、どのような条件のもとで、顔には表情が備わりうるのだろうか。

おそらく、二つのことが同時に求められる。一つは、時の流れのなかで、その顔が動きをともなう、あるいは動くものとして現れることである。客観的に見れば、それは筋肉や骨格の運動として記述することができるだろう。しかしいまは、その物質的基盤を問わなくてもいい。表情とは動くものであり、その意味で時間の推移のなかにある。言い換えれば、表情のなかには、過去の痕跡――すでにあったものの残存――と、同時に、新たに生まれつつあるもの――生成――が共存している。したがって、表情は常にプロセスとして生起していく。

もう一つは、その顔が、自己と他者の関係の過程に置かれている、あるいはその関係の成立を可能にする条件としてそこに差し出されているということである。人と人とが相対するとき、「私」は「私の顔」を見ることができない。その「不在の場所」は、「私」に差し向けられる他者の顔を取り込むことによって、あるいは「他者のまなざしを取得する」ことによって、仮想的に充足されていく。そのような想像上の充足のやりとりを通じて、「私の顔」が生まれる。人はその「想像的相互作用」に参入することによってはじめて、顔をもった何者かになることができる。そして、顔をもってしまった「私」は、他者の前にあって何者かになるということから逃れられなくなる。鷲田清一が言うように、「わたしが自分の顔を「もつ」というのは、わたしが差し向けられるべき他者をもち、他者と接触するという悦びであるとともに、逃げること、場を外すことを許さないという苦痛でもある。つまり、わたしはいつもだれか（他者の他者）であり続けなければならないという苦痛である[2]」。

このようにして、人はほかの誰かとの交通のなかで、互いを何者かとして認め合いながら、そのつど自ら何者かになっていく。そのようにして顔を差し出しながら、人はほかの人とともに、時の経過を経験していく。そこには常に表情が生まれる。このような意味で「表情」を備えた「顔」とは、おそらく、坂部恵が〈おもて〉という言葉によって呼び起こそうとした事柄に引き寄せてみることができるものである。

〈おもて〉は、原初のカオスの不安から、方向づけと意味づけをもったコスモスがかたどられ、かたり出る、まさにそのはざまに成立の場所をもち、わたしたちのいわゆる相互主体的な了解の領野の〈おもみ〉の方向としての〈重て〉すなわち重心を定め、〈おもみ〉＝〈思ひ〉をかたどり、かたり出る。(3)

坂部においてもまた、〈おもて〉は、特定の人称に帰属させることができるもの（誰かの顔）としてあらかじめあるのではない。むしろ〈おもて〉が象《かたど》られていくという事態のうちに人称的な存在が生起する。つまり、「相互的限定の場のなかで承認された一個の〈他者《ひと》〉」が現れるのである。人はその限定を引き受けることによって、〈わたし〉として象られていくことになる。

8 剝離する顔

物語の最後にいたって浮かび上がる「イズミの顔」が恐ろしく感じられるのは、そこに物質的な表層としての顔面があり、視覚的にこちらを見るというはたらきが察知されているにもかかわらず、「私」と「あなた」（我と汝）の関わりを可能にするような顔――坂部が言う意味での〈おもて〉――が現れていないからである。そこには、呼びかければ応えてくれるであろう「他者」の存在が見えない。それは確かに「イズミ」の「顔」であるのに、時の流れのなかで動いていくもの、動きながら「僕」にはたらきかけるものの存在を感じ取ることができない。それは、裏を返してみれば、「イズミ」が他者の顔との交流を通じて自らの顔を象っていくのをとうにやめてしまったということを指し示している。彼女はもう、ほかの人との応答の関係のなかにいない。人は「イズミの顔」を（レヴィナスが言う意味で）「宛て先」として「語りかける」[4]ことができない。そこに生きている何者かは、人と人のあいだに生起する世界からすでに脱落してしまっている。「表情と呼べるもの」のすべてが剝がれ落ちてしまった「顔」が、そのことを教えている。

そうであるとすれば、「僕」たちが生きているこの「砂漠」的世界のなかでついに「偶発的」なものとなってしまったのは、この「誰かとの交通の中で何者かであり続ける」ための条件それ自体である。「私」が「私の顔」をもって誰かの前に現れることができるかどうかが、すでに賭けとなっている。（坂部の言葉を借りれば）互いに「面差す」ことができる誰かが現れるかどうかが、偶然に委ねられているのである。

『国境の南、太陽の西』は、そのような世界で語られている。そうではない世界があったことを、どうやら人々はまだ記憶しているらしい。しかし、「かつて存在した世界に通じる背後の扉は既に閉じられて」いる。「南」へと渡る「国境」の門はすでに封じられ、その向こう側へと行き着くことはできない。「太陽の西」へたどり着くことが決してできないように。

＊引用作品
村上春樹『国境の南、太陽の西』からの引用は、講談社文庫版（講談社、一九九五年）による。

注

（1）Jacques Derrida, *Mémoires d'aveugle: L'autoportrait et autres ruines*, Editions de la Réunion des musées nationaux, 1990.（ジャック・デリダ『盲者の記憶――自画像およびその他の廃墟』鵜飼哲訳、みすず書房、一九九八年、八八ページ）
（2）前掲『顔の現象学』二一三ページ
（3）坂部恵『共存・あわいのポエジー』（『坂部恵集』第三巻）、岩波書店、二〇〇七年、一五―一六ページ
（4）前掲『全体性と無限』

第3章　異邦の顔——多和田葉子「ペルソナ」における他者の現れ（なさ）

見えない生活、見えない共同体、見えない他者、見えない文化、について問うこと。
（モーリス・メルロ＝ポンティ『見えるものと見えないもの』(1)）

顔を見る力は、生物としての「ヒト」に備わる生まれつきの能力に基礎づけられている。その一方で、私たちが何かを見たり感じたりする様式はすべて、社会的な編成の力に影響を受ける。私たちが、互いの顔を見ながら作り上げていく生活は、一つの「文化」として構成され、身体化される。だが、文化とは常に、人間の集団を分断する装置でもある。それは、私たちの「仲間」と「よそ者」を区別し、「外」の人間に対するまなざしを、「内」の人々に対するそれとは別様に組織する。

内輪の仲間たちのあいだで暮らしているとき、私たちはごく自然に他人の表情を読み、それにふさわしい振る舞いを送り返すことができる。顔が見えることの自明性は、文化的に形作られた現実でもある。だから、「私」が内輪の文化圏を抜け出して「異邦」に暮らすようになるとき、顔の現れはまた別様の問題として浮上することになる。本章では、この「外」の空間での対面性の困難を、越境の作家・多和田葉子の「ペルソナ」(一九九二年)のうちに読み取っていくことを試みる。

1 顔——見えざるものの現出としての

本当のことをいえば、顔は見えないものである。ただ、見えたような気がしているだけだ。ためしに、あなたが顔と思ったものをじっと見つめてみればいい。ほら、どんどん見えなくなっていく。それはもともと見えていなかった証拠だ。見えないものを見たと思い込んで、私たちは平然としているのだ。

もちろん私たちは、互いの顔が見えているかのように振る舞っている。そのような振る舞いを継続する技を身につけている。その一群の技法を、おそらく、「文化」と呼ぶことができる。

既述のように、私たちは顔を見せ合い、見えてしまったものを頼りに、互いに何を、どうすればいいのかを選び取っている。道の向こうから、いかめしい顔つきの男がやってくれば、視線を合わせないようにして道を譲るだろう。穏やかな笑顔で話しかけてくる人がいれば、立ち止まって耳を傾けようともするだろう。確かにそのとき、私たちは顔で判断している。

顔は、そこに現れた者が何者なのか、警戒すべき者なのか、それとも安心して近づける者なのかを教える。顔はその人の素性を示し、身元を明らかにする。私に語りかけてきた人は、顔見知りの誰かかもしれないし、見ず知らずの人間かもしれない。そこに知り合いの存在を認めるとき、顔は最も確かな手がかりとなる。「やあ、こんにちは、久しぶり」。そんなふうに、私は応じることができる。

私たちは顔を見て、さまざまなことを判断している。その人はいま怒っているのか、悲しんでいるのか。上機嫌なのか、不機嫌なのか。その人は幸せなのか、不幸せなのか。健康なのか、病気なのか。一目見て、「だいじょうぶ？　顔色が悪いよ」と声をかけることもできる。顔を見ればずいぶんたくさんのことがわかる。私たちはそう信じている。顔を見ればその人に向かって何をすればいいのかがわかる。私たちは顔を頼りにしている。

だが、よくよく見つめてみれば、実はすぐにわかる。顔は見えない。何も語っていない。そこには、ぽっかりとした、謎めいた穴が開いているだけだ。目の前に開いているその空洞に、何一つ本当のことを読み取ることはできない。そのことに、私たちはすでに気づいているはずだ。

それでも、顔は見られてしまう。そうでなければ、私は誰にも出会うことができない。誰かの前で、何者かとして振る舞うこともできない。私は顔を見せなければならない。私たちは顔を見せ合わなければならない。互いの顔を読み続ける。見えないものを見る。そのようにして日々の営みは継続されている。

顔をもつこと。ほかの仲間たちの目に見えるように顔を差し出すことは、一つの社会のなかでメンバーシップを獲得するための条件である。顔がない者は仲間にはなれない。私たちはそれを十分に知り尽くしている。

顔が見えるということ。見えてしまったものをよりどころとして、互いの振る舞いを継続していくこと。そうした技の持続が自然なことだと感じられるとき、人は自分たちの「領土《テリトリー》」のなかに住んでいる。半面、そのようにして「互いの顔が見える」世界を作り出すためには、「顔が見えない者」たちを、その外側に放逐しなければならない。

だから、私たちはひそかに（ときにはあからさまに）、顔が見える者と見えない者のあいだに線引きをする。ときには、ある者たちの顔を奪い取り、「お前には顔がない」と言って自分たちの領土の外に追いやる。自分たちの顔が互いに見えるという現実を当たり前のように保つためにも、「あの人たちには顔がない」と言い募る必要がある。「お前の顔を見せろ」という相互的な要求と、「お前の顔は見えない」という一方的な宣告は、表裏の関係にある。その暴力的な線引きの論理におびえながら、私たちは顔を見せ合い、顔を見ながら、日々の営みを継続している。そして、「王様は裸だ」と誰かに喝破されてしまうのを恐れるように、「実は顔など見えない」という事実が露呈しないよう、繊細に気を配りながら生きている。

顔は見えない。見えたかのように振る舞っているだけだ。では、その事実に気づいてしまった者は、どのようにしてその不安な日々を生き延びることができるのか。他方、その事実に気づきもしない者は、いったいどのような迂闊さでこの危うい日々を生き続けているのか。そしてもし誰かに「お前の顔は見えない」と言われたら、その者たちはいったいどのような反応を見せるのだろうか。

2　顔の現れ（なさ）をめぐる物語

　顔はどのように見られているのか。あるいは、同じことだが、顔はどのように見誤られているのか。それを考えるためには、互いの顔が自然に見えているかのように思える空間の外に立ってみればいい。「領土」のなかで互いの顔を見る技術を「文化」と呼ぶのであれば、「文化圏」の外部──「異邦」──に出て、顔がどのように現れるのかを観察してみればいい。

　多和田葉子の「ペルソナ」は顔の現れを主題とした小説である。しかしこの作品では、顔は終始見損なわれている。誰も正しく人の顔を見ることができない。そんな空間のなかを人々は往き来している。「ペルソナ」は顔の「現れなさ」を主題とした小説だ、というべきかもしれない。

　場所は、ドイツのハンブルク。

　中心に置かれている人物は、道子、日本人の女性である。

　道子は留学生で、「ドイツに住みドイツ語で小説を書いているトルコ人の女性作家たち」について論文を書こうとしているが、執筆はいっこうにはかどっていない。週に二日、日本から赴任した商社マン（であるらしい）佐田さんの家に、その娘・あゆみの家庭教師として通っている。

　道子は弟の和男と二人で暮らしている。和男もまた留学生で、「現代文学をやっていたのではドイツ人に勝つ見込みはない」という理由から「中世文学」を専攻している。

「異邦」に生きるこれらの人々の周辺で、顔はどのように見られ、また見誤られているのか。テクストに沿って、これを読み進めていくことにする。

〈東アジア人〉、あるいは「表情がない人間」

道子の友人のカタリーナは、ハンブルク北部にある精神病院の図書室で働いている。そのカタリーナが道子に、病院内で起きたある「事件」について話をするところから作品は始まる。入院患者の女性レナーテが、韓国人の看護師セオンリョン・キムに性的な行為を受けたと訴えたのである。セオンリョン・キムはソウル生まれで、ベルリンでソーシャルワーカーの資格を取り、十年ほど前からこの病院で患者の世話をしている。二歳年下の、やはりソウル出身の看護師の女性と結婚し、二人の幼い娘がいる。

そのセオンリョンが、夜中に病室に忍び込んできて、からだを重ねようとしたとレナーテは言う。セオンリョン・キムが、本当にそんなことをしたのだろうか。

はじめは、彼がそんなことをするはずがないと「みんなが口をそろえて」言う。「まじめな男だから、親切な看護夫だから、絶対に彼の仕業ではない」(九ページ)と。ところが、病院内で開かれた会議の場で、あるセラピストが「セオンリョンは、素人の目にはやさしそうに見えるけれども、専門家の目で見ると異常に表情がない」と言う。「だから残忍さがその底にひそんでいても見えにくい」(一六ページ)のだと。カタリーナは、「アジア人」に表情がないのは仕方がないが、それは残忍さを隠している証拠にはならないと反論する。「私の友人の道子という名前の日本人も表情はないが、その裏に残忍さを隠しているわけではない」と、彼女は「勇気を出して」（一七ページ）言う。すると今度は、大学で東洋学を勉強していたアルバートというソーシャルワーカーが、東アジア人に表情がないのは「儒教教育」のせいだと言い始める。牧師が立ち上がって、セオンリョンはキリスト教徒だと指摘すると、みな黙り込んでしまう。しかしそのあと、「やさしそうに見えても、仮面のような顔の下で何を考えているのか分からない」（一八ページ）と噂する人が増えていく。

この話を、カタリーナは電話で道子に告げる。「ひどいでしょう」と同意を求めるように言う。「そうね」と道子は簡単に答える。「腹がたたないの」とカタリーナは尋ねる。「立つわよ」と道子は答え、「こんな風に冷静だから残忍さを裏に隠していると言われるのかもしれない」（一八―一九ページ）と思う。

カタリーナと道子の、このエピソードに対する微妙な反応のズレには、立ち止まって考えてみるべきものが含まれている。何が「ひどい」ことなのか、何に「腹を立てる」べきなのかが、そもそもずれているように見える。

カタリーナは、セオンリョンの表情が乏しいからといって、その裏に残忍さを秘めていると決め付けてしまうのはおかしいと感じている。だが、彼女もまた、東アジアの人間に「表情がない」と見なしていることに変わりはない。道子という日本人も同じように「表情はない」、けれども「残忍」ではない、という主張。「表情のある者」と「ない者」の境界線は、「自分たち」と「東アジアの人間」のあいだに引かれている。

道子が何に憤っているのかについては、はっきりと書かれているわけではない。ただ、彼女はその日の夜、カタリーナから聞いたセオンリョン・キムの話を和男に伝え、やはり「ひどい話でしょう」と同意を求めている。ところが和男はその感情を共有しない。「韓国人には表情がないって言うんなら仕方ないじゃないか」と彼は言う。「でも、あなた、もし自分が表情がないからって殺人容疑かけられたらどうするの」と言い返す道子に、和男は「どうして僕が殺人容疑かけられるんだい」(一二二ページ)と大げさに驚いてみせる。

和男は姉が〈東アジア人〉という言葉を使うことを嫌悪する。「そんな言葉は日本語にはないはず」だと彼は思う。「東アジア」の人間としてひとくくりにされることを激しく拒絶する。レストランに入って、給仕に「無視」されると、「外人だと思って馬鹿にしているんだろう」「ベトナムの難民なんかといっしょにしやがって」(一二三ページ)とつぶやく。道子は、この「ベトナムの難民」という言葉に込められた感情に心を暗くする。「憎しみや軽蔑と呼んでしまっては簡単すぎる何か下の方へ引きずっていこうとする嫌な響き」(一二四ページ)を、彼女はそこに聞き取る。

ともあれ和男にとって、「セオンリョン・キム」に表情がないということは、〈東アジア人〉の問題ではなく、「韓国人に表情がない」という話であるにすぎない。分割線は「日本人」と、「韓国人」や「ベトナムの難民」とのあいだに引かれている。

あるカテゴリーに属する人々を指して、あの人たちには表情がないと言うのは、「我々」と「彼ら」を区分する、かなり悪意のこもったやり方である。もちろんここには、文明や人種の比較にもとづく知見——それによって作り上げられてきた「表情の乏しい東アジア人」というステレオタイプ――の適用がある。しかし、東アジアの人相互の関係のなかで、例えば日本に住む日本人同士の関係のなかで、自分たちには表情がないと思うことはめったにない。「私たち」もまた、自分たちの「領土」のなかでは、互いの表情を読み取りながら暮らしている。それが、「彼ら」には読み取りづらいというだけの話だ。だから、「東アジア人には表情がない」と言うとき、「彼ら」は自分たちの「文化」の圏外にある人々を指し、「自分たち」と「よそ者」とのあいだに境界を設定しているにすぎない。「ひどい話」だと言って憤るべきは、（カタリーナも含めた）彼らがおこなっているこの「線引き」の行為にある、のかもしれない。

道子は、自分（たち）が、この線引きの効果によって「表情がない」人間にされてしまうことに恐れを感じている。ところが、和男はその不安を共有しようとしない。「表情がない」と言われているのは「韓国人」であり、自分とは関係がないからだ。「我々」と「彼ら」の境界、「表情がある者」と「ない者」の境界を、カタリーナたちとはまた別様に引いて、和男は平然としている（あるいは、平然を装っている）。お前には「表情がない」からその裏に「残忍さを隠している」のだろうなどと言って自分が疑われることはありえない、と。その態度は、〈東アジア人〉などという言葉はないと言い募る彼の姿勢――「脱亜」の感性というべきか――に通じている。

だが、道子は不安である。彼女は自分が〈東アジア人〉でもありうることを知っている。そんなことはありえないとつっぱねることはできない。実際に、道子の恋人（であるらしい）トーマスは、「君が本当のところ何を考えているのかは分からないから」「君の表情は読むことができないから」と言う。「君の顔には表情がない、微笑んでも本当に嬉しそうには見えないし、まして泣いているところなどは一度も見たことがない」（六六ページ）。また、道子が以前セオンリョン・キムと初めて会ったときには、相手が言葉を発するまで、互いにどこの国の人か区別がつかなかった。これに対して和男は、「日本人と韓国人は一目見ただけで大抵区別がつく」「顔が違うじゃないか」「目の形が違うよ」「韓国人は目が細いだろう」と言う。だが、その和男の目は「ナイフでつけた切り傷のように細く、いつも微笑んでいるように見える」（一一二ページ）のだ。

「日本人」の顔

道子は、その翌朝、落ち着かない気持ちになり、佐田さんの奥さんから頼まれた変圧器を買いにいくことを口実に、朝早くから家を出る。彼女はなぜか、「東へ東へ」と追われるように街を歩いていく。「変圧器を買いに行くんです」（三二ページ）と、誰に尋ねられたわけでもないのに、言い訳のような独り言を口にしながら歩き続ける。その姿は「本当は行きたいところがあるのに恐ろしいので先へ先へと延ばしてるようでもあった」。「本当に行きたいところが他にあることは道子にも分かっていた。ただ、それがいったいどこなのかが分からないのだった」（三二ページ）

浮上しつつある脅威に気づきながら、その正体をはっきりと見てしまうことを恐れて、先送り的に回避し続けている状態。道子は、そんな不安な心理状態にある。しかしここに記述されているのは同時に、慣習化された技法の使用によって自然に意味連関が作り上げられていく世界の外に出てしまった人間の状況でもある。「行きたいところがある」ように思うのだけれど、それが「どこなのかが分からない」まま、とにかくどこかへ「歩き続けている」。行為の目的（本当に行きたいところ）が見失われているので、目的と手段の合理的な連関がそもそも成り立っていない。にもかかわらず、彼女は人々の目にさらされながら行為している（街を歩いている）ために、理解可能な意味（言い訳＝「変圧器を買いに行くんです」）を提示し続けなければならない。ここでは、出来事の表層的な意味が指し示されているが、それは「どこかに見失われた本来の意味」の代替物であるかのように感じられる。意味は生起する。しかし、それは一つの「文化」のなかに埋め込まれているときのような自然さを欠いている。出来事は、別の意味を帯びて、次々と別の出来事とつながっていくように思われる。そのような空間では、場面のなかに置かれている物たちもまた、慣習的な使用法のなかで安定した意味を担いうるわけではない。

例えば、その道すがらに道子が目撃した一つの光景。サングラスをかけて正座する男の脇で伏せているシェパードに、一人の女がハンバーガーのかけらを投げ与えてからかっている。金切り声をあげて近づいていく女に、犬がおびえて激しく吠える。すると、サングラスの男が「傍らに置いてあった長さ一メートルほどの木の棒」（三三ページ）を握って立ち上がる。周りを取り囲んだ人々から悲鳴があがり、女は青ざめて立ちすくむ。しかし、男はただ別の場所へと移動していく。その「棒」は「歩くための杖」（三四ページ）にすぎなかったのだ。

そこに起ころうとしている出来事の意味についての解釈がうまく成り立たない場面。男は女に殴りかかろうとしているのか、それともただ移動しようとしているのか。「長さ一メートルほどの木の棒」は「凶器」なのか「杖」なのか。物の意味は、それを用いてなされる行為の文脈に依存して決定される。文脈と行為、行為と物の循環的な参照を通じて、出来事の意味は生起し続ける。しかしここでは、そこに適用されるべき解釈枠組みが空回りしている。なされようとしている行為の外観が、次に起こるであろう出来事の予期をはぐらかしている。何が何であり、それが何と結び付いて何が起こるのかが予見不能な空間。「異邦」とはそのような場所を指す。言うまでもなくそれは、誰が誰であるのかが、予測不能な形で解釈に開かれている空間でもある。

道子はそんな空間を歩き続ける。「変圧器」を探し歩いているのだ。「変圧器」は、ある一つのシステムのなかで機能するように作られた物を、別のシステムに適応させるための媒介装置である。それは、システムAからシステムBへの移行のなかで、物が同一の意味を保ち続けることを可能にする。佐田さんの家族は、ありとあらゆる電化製品を日本から持ち込んで使おうとしている。それは新しい環境のなかにあって、日本にいるときと同じ生活空間を再現しようとする欲望だ。彼らはドイツにありながら「日本」に暮らそうとする。日本の豆腐を手に入れ、日本食を食べ続ける。アパートに入るときには、靴を脱いでスリッパに履き替える。彼らは「異邦」に出ることをしない。移植された「領土」のなかで「日本人同士」の関係を保ち続ける。その堅く守られた世界のなかでは、自分たちの顔に表情がないなどとは露ほどにも思わない。彼らは当たり前のように、もとどおりの顔をもって暮らし続ける。「変圧器」を使えば電気ガマが電気ガマとして使用可能であるように。

しかし道子は、その世界の外に出ている。だから、確かな顔をもたない。彼女の顔が「日本人」の顔であることもまた、確かなことではない。

街を歩けば、「ベトナムから来たの」かと尋ねられ、そうじゃない「韓国人」だ、「タイ人かも知れない」「いや、フィリピンだろう」と声をかけられる。「違いますよ日本人ですよ」と答えると、「ああトヨタか」と笑われる。「トヨタ」という提喩的な記号だけが、彼女の国籍《ナショナリティー》を指し示す。道子は、「自分のからだが小さな自動車になってしまったような気が」（三九—四〇ページ）する。

彼女にとって、「日本人」が「日本人の顔」をしているということが、すでに確かなことではない。「日本人の顔」を「日本人の顔」のままで通用させる「変圧器」が欠けているのだ。だから、「佐田さんの顔が近づいてくると目鼻口がつながりを失って」見え、「日本人ってこんな顔をしていたんだろうか」と道子は不思議に思う（三五ページ）。一方、その道子の顔は、佐田さんの娘の目からは「日本人の顔じゃないみたい」に見える。「先生ってベトナム人みたい」と「あゆみちゃん」は言う（三七ページ）。だから彼女は、日本人の顔をまとわなければならない。佐田さんの家に行くときには、いつも化粧をしていく。「日本人の顔になるようにお化粧しなければ」（四四ページ）と思うのである。

「面」をまとう

変圧器を探して、結局見つけることができなかったその日の午後、道子は佐田さんの家へと向かう。佐田さんは、町の西はずれの、ハンブルクに赴任した商社マンの家族が数多く住んでいる地区に暮らしている。道子は夫人によって客間に招き入れられる。山本さんという日本人の女性が遊びにきている。

道子は、佐田さんと山本さんのこめかみに青い血管が同じように「ジェイ」の字を作って浮かび上がっているのを見る。二人はとてもよく似ていると道子は思う。まったく同じリズムで振る舞う佐田さんと山本さんのあいだで、道子は、「原住民の家でお茶を飲ませてもらっている間抜けな探検家のように」（五一ページ）二人の様子を観察している。移植された「日本」の生活空間に「日本人」のまま生きている二人を前にして、身の置きどころのなさを感じる。「お豆腐なんか召し上がらないんですか」と尋ねる山本さんに、お豆腐は「韓国食料品店で買います」「日本のお豆腐よりもずっと美味しいですよ」と答えて、気まずい空気を作り出す。その豆腐がどれほどおいしいのかを説明しようとして、道子は「自分の日本語が、坂を駆け降りるように下手になっていく」のを感じる。「本当に思っていることを言おうとすると、日本語が下手になってしまうのだった」（五三ページ）

やがて、彼女たちはお茶からリキュールへと切り替え、道子は酔いが回ってくる。その「酔いを振り落とそうとするかのように」壁を見上げると、そこに「面」がかけられている。「深井の面ですのよ」と佐田さんが言う。「もちろん、偽物ですけれど」（五八—五九ページ）。スペインで土産物用に作られたというその面に、道子はにらみつけられているような気がする。深井の面を見上げて、和男のことを思い起こす。「和男の目は能面の目と同じように細いが、和男の顔には恨めしそうなところは少しもない。能面には道子に訴えかけてくる何かがあるが、和男の顔にはそれがない」と道子は思う。「お面のようなのは深井の面ではなくて和男の顔なのだ」。だから、「和男だって運が悪ければ犯罪の容疑をかけられるかも知れない」（六一ページ）。

そんな思いをめぐらせているところへ、シュタイフさんというドイツ人の女性がやってくる。佐田さんが子どもの誕生会をすると聞いて、ケーキを焼いてもってきたのだ。シュタイフさんは、夫の仕事の関係で近く日本（大阪）で暮らすことになっていて、佐田さんの紹介で、道子が日本語を教えている人であった。シュタイフさんは、「日本人のお手伝いさんが外国語ができないために、アイロンをかけてはいけない服にアイロンをかけてしまったりすることのないように、また、愛犬シュヌッキーに骨付きの魚をやったりすることのないように」（六七ページ）、どうしても日本語ができるようになりたいと思っていた。彼女は日本にドイツの生活をそのまま移植したいと考えている。

「日本語のお勉強はいかがですか、難しくありませんか」と尋ねる佐田さんに、シュタイフさんは、「骨と目玉の付いた魚をわたしの犬にやらないでください」（六八ページ）、「ハエたたきでハエをつぶさないでください」（六九ページ）と習い覚えた日本語を披露してみせる。道子は、懸命に日本語を話そうとするシュタイフさんの「顔から表情が消える」ことに気づく。「単語のひとつひとつを正確に発音しようと、そのことだけに精神を集中するので、他のことはすべて忘れてしまうらしかった」（六九ページ）。自分たちの「領土」のなかでは、言葉と顔は自然に連動する関係にある。怒りの言葉は怒りの表情をともなう。しかし、「異邦」の地では、言葉はもはや身体化されて自然に再現されるものではないので、それだけが切り離されて注意の対象になる。言葉を正確に発音しようとすれば、顔が追い付かない。このようにして「異邦」の人は表情を失っていくのだ。

そこへ今度は、佐田さんの娘、あゆみが帰ってくる。

あゆみは居間へ入ってくるなり、紙袋のなかから色とりどりの小さな万国旗を取り出す。その旗は、切手くらいの大きさで、爪楊枝がついている。フランスの旗、イタリアの旗、アメリカの旗、ドイツの旗、日本の旗。あゆみはそのなかから、ドイツと日本の旗だけを取って、残りはすべて捨ててしまう。台所に入っていくと、そこに並べられていたケーキに次々と旗を立てていく。台所中にドイツの旗と日本の旗が立ち並び、山本さんが「バンザイ」と言う（七三ページ）。

道子はその場面を見て気分が悪くなり、一人だけひそかに居間に戻る。そして、壁にかけてあった深井の面を取り外すと、自分の顔に被せてみる。玄関の等身大の鏡に自分の姿を映してみると、「急に自分のからだが大きくなったように」感じる。「その仮面には、これまで言葉にできずにいたことが、表情となってはっきりと表れている」（七三ページ）。道子は面を被ったまま、こっそり佐田さんの家を抜け出し、町を歩いていく。面をつけたその姿に、驚いて立ち止まったり、笑いだしたりする人々。道子は「面で顔を隠して歩いていると言うよりは、からだを剝き出しにして歩いているような気が」してくる。ただしそれは、「鑑賞用のからだではなく、強い言葉を持つからだなのだった」（七四ページ）。道子は「あるひとつの顔から解放された」のだと思う。そして、「こんなに堂々と胸を張って歩くのは久しぶりだ」（七四―七五ページ）という気がする。

セックスショップやポルノビデオ館が並ぶような街区まで地下鉄に乗り、和男が待っているはずの中華料理屋を探して歩く。しかし、どれだけ探し歩いても、その中華料理屋〈金龍〉は見つからない。しかも「おかしなことにこの日は」、日本人と見れば日本語で声を掛けてくる呼び込みもいない。「道子が一番日本人らしく見えたこの日に、人々は道子が日本人であることに気づかない」（七六ページ）のである。

3　「入植者」たち、あるいは「ゲットーの住人」

人が顔を見せ合い、互いの顔を見て振る舞いを継続することができる空間を、私たちは「領土」あるいは「文化圏」と呼び、その外部の空間を「異邦」と呼ぶことにした。しかし、ここで言う「異邦」とは、ほかの「文化圏」のことではない。仮に「日本」と名づけることができる空間と「ドイツ」と名づけることができる空間があるとして、「日本」から「ドイツ」へと移動し、その新しい「文化圏」の一員となることが、「異邦」に暮らすということではない。道子は「日本」を離れて「ドイツ」に暮らしているのではなく、一つの「領土」の外に出ながら、ほかの「領土」には入り込めずにいるのだ。この「狭間」あるいは「あいだ」の空間が「異邦」である。

道子は「異邦」に生きている。その証拠に、彼女には顔がない。

佐田さんや山本さんは「異邦」には生きていない。彼女たちは、ドイツの領土のなかに、ハンブルクの町のなかに「日本」を移植し、そこに生息している。「日本人」同士、互いの顔を見ながら生活を続けている。彼女たちが暮らしている町の西はずれの街区は、いわば「日本」の出島である。出島のなかで、彼女たちは「日本食」を食べ、家のなかでは「靴」を脱いで生活している。

ハンブルクから大阪へ移り住むシュタイフさんもおそらくは同様である。彼女は懸命に「日本語」を習っているが、それは自分たちの生活様式を確実に維持し続けるために必要な手段だからである。「日本人のお手伝いさん」が「愛犬に骨付きの魚をやったり」、「ビールを冷蔵庫で冷やしてしまったり」することがないように、つまり現地の使用人に適切な指示を下せるように、彼女は「現地語」をマスターしなければならない。大阪の町にシュタイフさんは「ドイツ」を移植する。彼女は「日本」に生活するわけではない。

「自分の納得のいくように生活の隅々まで指示せずにはいられないシュタイフさんは、どんな小さなことでも、お手伝いさんの習慣や判断にまかせたりはしないだろう」、と道子は想像する。そして「映画で見るような、植民地の女主人と召使のやりとり」を思い浮かべる（七一ページ）。つまり、彼女たちが生きているのは、「植民地」の生活である。「原住民」の生活に汚染されないように、自分たちの生活の規律を最大限に移植して、これを再現すること。快適な我が家の居間から異国の風景を観賞すること。頭がついた魚のフライを丸かじりするような土地の人々の暮らしを興味深く観察しながら、でも自分の家には決してそのような習慣を持ち込ませないこと。シュタイフさんは、そのために日本語を学ぶ。シュタイフさんの目に映る日本文化の世界は、あからさまに「コロニアル」な色彩を帯びている。

佐田さんたちは、ろくろく現地語（ドイツ語）の勉強もしない怠惰な入植者たちである。しかしそれは、すでにシステムとしての「入植地」が準備されているからである。「日本の豆腐」は「川口商店」が売りにきてくれる。日本の電化製品は「変圧器」があればそのまま使うことができる。彼女たちもまた「入植者」として生きている。違うのは、「原住民」を「お手伝いさん」として使用しないこと。かわりに、「変圧器」が必要とあれば、現地語に堪能な「留学生」を使えばいい。

道子はそのようにして、入植者たちに「使用」されている。

そんな彼らの生活は「ゲットー」の住人のそれにそっくりである。彼らは、ある地区に囲い込まれたまま、安穏の生活を享受している。迂闊にも、自分たちが「表情がない」人間として、「その裏にどんな残忍さを隠しているのか分からない」人間として語られているなどとは微塵も疑いもせずに。しかし、「ゲットー」の住人には「しるし」が打たれている。道子はそのことに気づいている。佐田さんと山本さんのこめかみに浮かぶ「ジェイ」の文字。隔離されるべき人種のしるし。「入植者」たちは「J」で始まる民族名をその顔に刻み込まれて、町の一画に集住させられているのである。

出島――移植された「領土」――の住人たちが、その事態に恐れを感じることはないし、もとよりその異様さに気づくこともない。ただ「異邦」に出てしまった者だけが、その人々の額に刻印された「しるし」に目をとめて、不安な思いにとらわれている。その一画に住む人間には「顔がない」ということを知っている。道子は、「ゲットー」に隔離されることを免れているかわりに、「コロニー」の安穏とした生活の条件を奪われている。彼女は「顔」をなくしたまま、無防備に町中を西へ東へとさまよい歩く。言うまでもなく、そんなふうにして境界を超え出てしまう者がいちばん危ない（ヴァルネラブルな）存在である。道子はその自分の「弱さ」をすでに自覚している。

4　コロニアルな欲望とレイシアルな想像力

「異邦」へとはみ出してしまった人は、「出島」に生きる「入植者」たちの姿を必死に観察しようとする。彼女の眼には、もう彼らの顔が自然に見えるものではなくなっているからだ。現地採用の使用人として「コロニー」に出入りすることを許されている道子は、異国の地に自分たちの生活様式を持ち込んで平然と暮らし続ける人々の姿を、グロテスクなものと感受する。だが、そのような覚醒したまなざしを獲得したからといって、自分が安全な場所を確保しうるわけではない。道子はいずれの「領土」にも属していない。彼女は、自分自身を含めた「よそ者」たちが、現地の住民たちから「表情がない者たち」と語られていることをすでに知っている。その一方で、「出島」の住人たちの目には自分が「日本人」の顔をもっていないように見えることも知っている。だから道子は、「コロニー」に足を踏み入れるときには、「日本人」であることを示すようにメイクをしなければならない。

このように、植民者たちの(コロニアルな)欲望と、その姿をどこか滑稽なものとしてとらえ返す人種主義的な(レイシアルな)まなざしの交錯するところに、顔は主題化される。顔は、厳然とした事実としてそこにあるのではなく、強い負荷を帯びた欲望と想像の産物として、それぞれの目の前に立ち現れる。その欲望と想像は、同時に、ある一線を引いて、その向こう側に位置する人々の顔を奪い取ろうとする。その一線の向こうには、「顔がない者たち」が群れをなして暮らしているのである。

一人の韓国人——彼もまた「異邦の人」である——が「表情がない者」と名指され、どれほどの残忍さを宿しているのかうかがい知れないとささやかれたところから、この小説は始まる。ここに人種主義的な言説が作動していることはいうまでもない。そして〈東アジア人〉というカテゴリーを拒否して、日本人と韓国人を本質的に異なるものだと言い張る和男の語りもまた、その分節化の襞を別様に折り直しただけの（ある意味では、より一層の屈折にとらわれた）発話だといわなければならない。

この言説空間には、（カタリーナが〈東アジア人〉について語るときにも、和男が「韓国人」について語るときにも）根強く優生主義的な観念がつきまとう。そのことを、テクストはあけすけに示そうとしているように見える。

例えば、道子とカタリーナが観にいった映画の話。「変圧器」を探し歩いて見つけられなかった道子が、いったんアパートに帰ろうと急いでいるときに、煙草屋でライターを買おうとしている男の顔が目にとまる。「火だ、火だ」と叫んでいるその男は、「第二次大戦中に作られた教育映画」に出演していた男だった。道子は以前、「精神病院の歴史をテーマにした院内の文化週間中」、その映画が「一般公開されたのを」「カタリーナに誘われて見に行ったのだった」（四四—四五ページ）。

道子が回想するその映画の場面。

〈自然淘汰〉という言葉の説明のあとに、金髪で色白のよく太った子どもたちが映し出され、〈良種は栄える、しかし……〉という文字が現れる。次いで、場面は「精神病院の廊下」へと移行する。そこでは、「あの男が腕を振り回しながら、火だ、火だ、と叫んでいる」。「カメラは病院の廊下を抜けて室内に」入る。「大きなホールにベッドが何十も並びそのベッドには人間のからだが縛り付けられている」。「時々、振り回される腕や振り上げられる片足」が見える。〈突然変異種は自然に滅んでいく〉という文字が画面に映る（四五―四六ページ）。

そこまで見て、カタリーナは気分が悪くなって映写室を出てしまう。そのあと、彼女は道子に尋ねる。「第二次大戦中は日本人も精神病患者を殺したのかしら」「中国人や朝鮮人を殺しただけではなくて、精神病患者も殺したのかしら」（四六ページ）と。道子は「知らない」と答える。しかし、アパートに帰って、和男に観てきたばかりの映画の話をして、同じ質問を向ける。「日本人は戦争中に他の東アジア人だけではなくて国内の精神病患者も殺したのかしら」と。和男は「知らない」と答える。そして、「ナチスはユダヤ人だけでなくて同性愛者やジプシーも殺したんだから、精神病患者も殺したって不思議はないさ」と付け加える（四七ページ）。

挿入されたこの映画の話と、それに対するカタリーナや道子や和男の反復的な反応は、作品全体を通して語られている出来事のすぐ裏側に潜んでいるものの正体を、身もふたもなく示している。カタリーナは、ドイツ人がユダヤ人を殺したことや日本人が朝鮮人を殺したことと、映画のなかで精神病者たちが殺されたこととが同型の論理にもとづくものであることを知っている。ただしそれを、自分自身のこととしては直視しない。「日本人は中国人や朝鮮人を殺した」ように「精神病患者も殺したのかしら」と、彼女は尋ねる。同様に和男は、日本人のことは「知らない」と答え、ナチスは「ジプシー」も殺したんだから精神病患者を殺したって不思議はないとつぶやく。しかし、その殺害の論理は、カタリーナたちが「〈東アジア人〉には表情がない」と言うとき、また和男が「韓国人には表情がないって言うんなら仕方ないじゃないか」と言うとき、彼らの言葉のすぐ裏側に貼り付いているものだ。

彼らは第二次世界大戦中とまったく同じ言説の空間を、相も変わらぬ傲慢さと迂闊さで生きている。その文脈のなかで、台所に広げられたケーキ一面に突き立てられた「日本」と「ドイツ」の旗を見て、思わず「バンザイ」と声をあげてしまう「日本人」のグロテスクさを思わなければならない。あの人たちには表情がないなどと言って他者の顔を奪い取ることのできる者たちだけが、突き立てられた自国の旗に向かって「バンザイ」と叫ぶことができるのだ。

5　面を被る、ということ

では、その一部始終を見てしまった道子は、どうすることができるのだろうか。

人々のまなざしに潜む「偏見」を批判して、お互いの「本当の顔＝素顔」を認識し合いましょうなどというような、ナイーブなヒューマニズムには拠って立てない場所に彼女はすでに投げ込まれている。道子が生きている「異邦」の空間では、「顔が見える」ということの自明性がもはや奪い取られているのだから。

だから、道子は面を被る。彼女は、佐田さんの家の壁に掛けられていた「偽物」の面、スペイン製の「深井の面」をつけて町へと歩み出す。

それは、彼女が「表情」を回復するための最後の手だてでもあるかのようだ。

この唐突で突飛な行動、そのためにまたアレゴリカルな意味が充塡されているようにも見えることの企てに、私たちは何を読み取ることができるだろうか。

「素顔」を隠し「仮面」をまとうことによって「顔」を回復しようとする、この逆説をはらんだ振る舞いは、「顔の現れ」をめぐる認識の転倒を呼び込もうとしている、とひとまずはいうことができる。

「異邦」の空間に立っている道子は、隣接するそれぞれの「領土」に暮らす人々から、「表情がない者」とまなざされることにおびえていた。彼女は、自分がごく当たり前のように一つの「顔」をもち一個の「人格」として見られる場所から、外に出てしまった。そこでは、「素顔」こそが最も危険である。何もまとうことがない顔面は、いわば「のっぺらぼう」と同様に、そこに何一つ読み取ることができない、つるりとした平面をさらけ出すだけである。「素顔」の「私」は、どのようなカテゴリーにも結び付かず、どのような関係上の地位も占めず、したがってどのような人格性も付与されない。そこには、奇妙な空洞が開いているだけである。

「あの人には表情がない」というささやき声。それは、自分がその空洞に落ち込もうとしていることをほのめかすしるしなのだ。

何らかの実質を備えた「人格」として他者の前に現れるためには、他者との関係のなかである「役柄」を引き受け、相互的なイマジネールのなかで、ある何者かのふりを演じ、そうすることによって、他者の目に見える「面」を形作らなければならない（その技法を、私たちは「文化」と呼んできたのだ）。そのような意味で「面を被る」ということが、「他者の他者」としての自己に、一つの「かたち」を与える初発の条件となる。坂部恵の言葉を借りれば、「ひとは、仮面の儀式において、はじめて、いわば白紙の仮面ともいえる無限定な人称としての〈わたし〉という主語に、間柄のなかにおかれ他者たちとの関係によって規定された、特定の〈ひと〉〈人間〉という述語的限定を描き加えられ、いわばヒュレー的な無限定性を超え出る」[2]のである。

すべての者が、互いに未定形の素材でしかないような混沌のなかに、人称的な相互性を生み出し、それを起点に人格（ペルソナ）と呼びうるだけの内実を備えた〈ひと〉の姿を形作るためには、儀礼的な装置としての「仮面」を必要とする。面を被るということは、〈わたし〉という空っぽの主語（のっぺらぼう）に述語的限定（あるいは、表情）を描き加える最初の手だてなのである。

「深井の面」を被って、町――「異邦」の空間――に歩み出していくという道子の振る舞いも、「顔」を見失ってしまった存在が、あらためてイマジネールの世界に参入し、そこに「面」を投げ入れ、それによって他者から呼びかけられうるだけの姿を象ろうとする企てだったといえるだろう。無限定の混沌のなかに人称的関係を創出する儀礼的行為。面をまとうことで道子は、はじめて言葉を発する存在となる。実際に、面をつけた彼女は、町中にあって「からだを剝き出しにして歩いているような気がして」くるのだが、「それは鑑賞用のからだではなく、強い言葉を持つからだなのだった」（七四ページ）。ここで道子が「強い言葉」をもちえたと感じ、「あるひとつの顔から解放された」と言うのは、何らかの文化的コードのなかで「かたち」をとる（＝意味をなす）ことができる「記号としての顔（＝面）」をまとうことによって、一切のコード化の作用の外部（＝〈異邦〉）に置かれていた「あいまいな顔」から解放されたということ、したがって、「面」を被ることで「顔がない状態」から脱却しえたということを意味している。

「面」をまとう道子の体は、いまや人々の視線を引き付ける対象と化しているが、そこに「読解可能な顔」（＝「日本人の顔」）を差し出しているがために、その体もまた「言葉」をもっている。すなわち、他者から見られ、見られていながら「表情がない」と語られてきた彼女が、初めて自ら「おもて」を提示する主体の感覚を獲得している。仮面によって「顔を隠す」ことで「顔を創出する」。そうした逆説を示す振る舞いとして、道子のこの行動をとらえることができる。

しかし、私たちはここで読みをやめてしまうわけにはいかない。それでは、小説のテクストが伝えるアイロニカルな響きを聞き洩らすことになる。道子が、主観的にどれほど勇ましい気分になっているとしても、たとえ「あるひとつの顔から解放されたのだという気持ち」で胸がいっぱいになり、「こんなに堂々と胸を張って歩くのは久しぶりだ」（七四―七五ページ）と感じていたとしても、はたから見れば彼女の姿はどうしても滑稽である。

テクストは、面をつけてダウンタウンの繁華街を右往左往している道子の姿を、微妙な笑いとともに描き出すことを忘れない。向こうから近づいてきた二人の女の子は「道子を見ると、骨が急にやわらかくなってしまったかのように、からだをくねらせて」笑っている。「花屋の前に立っていた年配の婦人」が道子のほうを見て「口を半ば開いたまま、からだの動きを止め」る。道子が、「面の目のところに開けられた小さな穴を通して」（七四ページ）目撃する人々の反応は、確実に、その情景のなかの道子の姿を他者の視線を通して浮かび上がらせる効果をもつ。

私たちはここで、「深井の面」が、恨めしそうに目を細めた顔つきであることを思い起こそう。道子はそんな「表情」を掲げたまま、「セックスショップやポルノビデオ館のネオンサイン」が「忙しくまたたいて」（七五ページ）いるような夜の町を歩いていく。和男が待っているだろう中華料理屋〈金龍〉を見つけられずに、通りの端まで歩いては、また折り返して反対の歩道を戻っていく。その姿に誰も声をかける者はない。「オネエサンモ、ヨッテイッテ、オネエサンノオタノシミモアルヨ」（七六ページ）などと、日本語で声をかける呼び込みもいない。それは当然のことだ。彼女はいまや、ますます「危うい」存在として、「彼ら」の目に映っているのだから。人々は「道子が視界に入るとすぐに目をそらしてしまう」。彼女のことを「正面から見る人間は」一人もいない。彼女は、「背後に様々な視線を感じ」ている。その耳には「精神病院という言葉」も聞こえる（七四ページ）。「顔」を取り戻そうとする道子の企ては、正視することがはばかられるような異様な存在へと彼女を変貌させている。それは、彼女自身の主体的な高揚感とは裏腹に、道子の「顔の喪失」を決定的なものにしているのかもしれない。彼女は「精神病患者」として収容され、「殺されて」しまうかもしれない。

その状況に対して、テクストは、「道子が一番日本人らしく見えたこの日に、人々は道子が日本人であることに気づかないのだった」という、少し空々しいようなコメントを付して、作品を閉じている。ここに、もう一つの逆説が書き込まれている。

彼女は「日本人の顔」をまとっている。それはスペインで作られた偽物の「面」である。ある意味では、最も類型的に構成された「日本人の顔」を示しているだろう。「日本人」をまとう日本人。ところが、誰もその人が日本人だと気づかない。

この結末で、彼女が「顔」を取り戻したというわけにはいかない。むしろ彼女は、誰にも呼びかけられることがない存在になってしまった。それは、彼女が試みた「仮面の儀式」が、相互的なイマジネールのなかで彼女に人格(ペルソナ)を与えるものへと転化せず、文字どおりの意味で「ただ面を被っている」だけのパフォーマンスと受け取られてしまうからだ。人々の前に差し出された「面」が「ただの仮面」と見えてしまうがために、そこに現れた顔は、それをまとっている人のものとはなりえず、ただ表層に描かれた「絵」としか映らない。

だから道子は「顔」を回復できない。顔を被っているだけなのだ。

それは言い換えれば、顔は対象化可能な(有意味な)記号の集積としてだけでは、まだ「顔」として現れえないということを意味しているだろう。相互人格的な関係を創出する「儀礼」のなかで「仮面」が「顔」に転化するためには、「面」が読解可能な記号的意味に還元されない「何者か」のまなざしを放って他者を「触発」しなければならない。そのような視線と視線による相互的な触発のなかで、他者の対象化とその意味の解読がなされるとき、はじめて顔は「顔」たりうる。道子による「仮面」のパフォーマンスは、「顔」の生成を可能にするこの基本的な条件を満たしていない。

6　顔をなくしたまま歩行を続ける

顔が「見える」ものとしてあるとき、それは、さまざまなカテゴリー化の実践と結び付きながら想像される対象でしかない。だが、他者の表情を読み取るというこの作業は、決して無垢な営みではなく、そこに現れようとしているものをある関係上の地位に限定し、これを他の諸項と結び付けて意味づけることなしにはなされえない。そして、そのようにして他者の顔をまなざすという行為は、自己とのあいだに対称的または非対称的な関係を設定するという（しばしば悪意がこもった）意志に裏打ちされている。

表情を読むということは、他者の顔を見るということではなく、一定のコードにしたがってそこに顔を与えるということである。

そうであるがために、この文化的な実践は、その成立条件の裏側に、表情が読めない人間を作り出し続ける。「すべて」を読み解くことができるような普遍的な（怪物的な）文化的コードは成立しえないからだ。「私たち」が互いの顔を見て、これを見えるものとして語るとき、どこかほかの場所には、「顔の見えない人」が生み落とされている。

そしてまた、そうであるがために、人々の前に「読みうるもの」としての顔を差し出すということは、「面」を被るということに等しい行為となる。一つの「文化圏」のなかで、私がある「人格」をもって生きているということ、その「私」という人間の「人となり」が人々のあいだにおのずからあらわになっていくということと、私が「彫り込まれた面」をまとうということのあいだに落差はない。あるいは、両者が自然と一致する空間にあるとき、人々は自分たちの「領土」に生きているというべきだろうか。

だが、ひとたびその外部に踏み出してしまえば、人は顔を見ることができないという事実が露呈してしまう。だから、「異邦」の人は顔をもたない。「君は何を考えているのかわからない」などと言われて、不安がられているうちはまだいい。そのうち、すぐに、「彼ら」はあなたを「表情がない何者か」としてカテゴリー化し、ある一線の外部にはじき出すことだろう。「東アジア人」には表情がない、「日本人」には表情がない、「韓国人」には表情がない、「儒教徒」には表情がない、などと言って。しかしもちろん、このようにして「顔を奪われた人間」の像もまた、人々のあいだで想像された虚構でしかない。

では、この袋小路からどのように脱出すればいいのだろうか。

道子は、虚構には虚構をもって制する、という戦略に出た。スペイン人が作った「偽物」の「日本人の顔」をまとって、町に出る。このアイロニカルな振る舞いによって、危うい状況に立ち向かおうとする。記号化された虚構（仮面）をまとうことで、「顔」という虚像の再構成をはかろうとしている。

しかし、彼女のこのもくろみは、どうやら「顔の回復」というゴールにはたどりつけない。それは、仮面の装着によって混沌の空間のなかに限定的な相互性を創出しようとする儀礼を、人々が共同化してくれないからである。儀礼は、そこに「現実」を作り出そうとする「原初的な身ぶり」に人々が相互身体的に参入してこなければ成り立ちえない。言い換えれば、人々が互いにまなざし合うことが「顔」を生み出すのである。しかしそこにはすでに一つの逆説がはらまれている。「あなた」が「私」をまなざすということは、「あなた」が「私」のまなざしの対象には包摂できないものとして現れてしまうということでもあるからだ。まなざしきれないものを、互いにまなざし合うということによって、「顔」の相互的な創出がなされていく。そのような相互的な関わりがなされなければ、誰かが「顔」を差し出そうとしても、それは「おかしな面をつけたおかしな人」にしか見えない。彼女は、「異文化圏」に迷い込んでしまったどこかの土地の霊能者のように、孤独（かつ滑稽）な儀式を遂行するしかない。彼女が「日本人の顔」を掲げても、誰も彼女が「日本人」であることに気がつかない。そこには、「日本人」になりすまそうとするパフォーマーの姿しか見えないからである。

「深井の面」を被って、ハンブルクの夜の町（ネオンサインがまたたくダウンタウンの繁華街）を行ったり来たりしている一人の女。テクストが最後に示した道子の姿は、しかし、多義的な読みをうながす。

一面では、「日本人」の顔にこだわるがために、こわばった「日本人の仮面」をつけて、かえって「顔」を失ってしまうという、哀れな企ての顛末を見ることができる。一つの「国民の顔」は、一つの「文化圏」のなかで人々が互いにまなざし合うときには、ことさらに意識されることなく、それとして見えてくる。また、一つの「領土」から別の「領土」に住む人々の顔が見られる（想像される）ときにも、何らかの像を結ぶ（それが「表情がない顔」と語られるとしても、である）。しかし、「領土」と「領土」の狭間に落ち込んでしまった者には、それを再構成する術がない。「日本人」というカテゴリーを道具として機能させるシステムが、そこでは作動しないからである。そのような「異邦」の空間で（記号化された）「日本人の顔」をまとおうとする企ては、どうしても滑稽な結末にならざるをえない。こうして、企てそれ自体の錯誤を笑いながら、この小説を読み終えることもできる。

とはいえ、どこにもたどりつけないまま、町を右往左往している道子の滑稽な姿は、この作品なりの一つのゴールを示しているのかもしれない。もはや、一つの「領土」のなかに安住することができない人は、「おかしな仮面」を被って、「異邦」の空間を歩き回るしかない。どこにもたどりつけずに、行ったり来たりを繰り返す。そういう人間の姿を、そのまま引き受けるよりほかにどうしようがあるだろうか。

その点では、仮面をつけていようがいまいが、実は変わるところがない。

不器用な歩行の姿勢で、顔をなくしたまま、歩いていく。本当は顔など見えないということに気づいてしまった者は、それを覚悟する以外にない。「ペルソナ」はそんなことを語ろうとしているのだと、読むこともできる。

自分たちには顔があると信じて疑わない迂闊な本質主義者でもなく、シニカルに「顔の構築」を笑う相対主義者でもなく、確信犯的に「仮面」をまとって「日本人」を名乗る戦略的本質主義者でもない。ただ「異邦の人」として、バランスが悪い歩行を継続する。誰の目にも見えない「脆弱」な顔をさらしながら、そうして、人々の表情に微妙な笑いを呼び起こしながら。

＊引用作品
多和田葉子「ペルソナ」からの引用は、講談社文庫版『犬婿入り』（講談社、一九九八年）による。

注

（1）Maurice Merleau-Ponty, *Le visible et l'invisible, suivi de notes de travail*, Éditions Gallimard, 1964（M・メルロ＝ポンティ『見えるものと見えないもの』滝浦静雄／木田元訳、みすず書房、一九八九年、三三四ページ）

（2）前掲『共存・あわいのポエジー』八四ページ

第4章　引き裂かれた顔の記憶

——林京子「道」における死者の現れ

ジェノサイドのおそろしさは、一時に大量の人間が殺戮されることにあるのではない。そのなかに、ひとりひとりの死がないということが、私にはおそろしいのだ。

（石原吉郎『望郷と海』[1]）

林京子は、一九四五年八月九日、学徒動員されていた長崎市内の三菱兵器工場で被爆する。彼女の文学活動のすべての原点は、この出来事にあったといえる。だが、熱線と爆風にさらされる一瞬の経験としてあった「原爆」を、人はどのようにして記憶することができるのか。まして、その出来事を生き残った者は、同じ瞬間に命を奪われてしまった人の姿をどのようにして語ることができるのだろうか。

原爆によってその「顔」を奪われた人の、最期の姿を探し求める。その危うい試みの足跡を、ここでは、林京子の「道」(一九七六年)に即してたどってみることにする。

1 死者に出会うということ/死を書くということ

人は、いままさに死んでいこうとする人に「出会う」ことができるだろうか。例えば、「死に目にあう」ということが、しばしば規範的な看取りの形として語られたりもするのだが、はたして死にゆこうとする人に「会う」ことは可能なのだろうか。それとも、「死に目にあう」の「あう」は「遭う」と書くべきであって、もとより「会う」ことなど想定されていないのだろうか。

「かろうじて始まったところで、死はすでに終わっている」[2]と、ウラディミール・ジャンケレヴィッチはいう。だから、死は、経験の位相でとらえようとするならば、未来形で「○○は死のうとしている」と語られるか、さもなければ過去形で「○○は死んでしまった」と語られるしかなく、いままさに死にゆこうとするときを語る現在形の表現を拒絶するのである。他者の死に立ち会うということ――「死なれる」[3]ということ――は、その人が「まだ生きている」状態から「もう死んでしまった」状態への移行として経験される。このとき、その中間にある死の瞬間は誰によっても体験されることがない、いわば不在の通過点として私たちの把握をすり抜けていくことになる。

だが、そうであるとすれば、誰が死の証言に立つことができるのだろう。証言者の資格が、語られるべき現実に立ち会ったという事実に根拠づけられているとするならば、その役割を担おうとする者は、にもかかわらずそれを経験としては語りえないという事実に直面することになるだろう。そのとき、人はどのようにして他者の死を想起し、そこにどのような言葉を見いだすことができるのか。そして、その証言に耳を傾け、記憶を語り継ぐという営みは、どのような意味で経験を継承することになるのだろうか。

死という経験のこうした根源的な他者性は、その出来事の語りを倫理的に引き受けようとする者にとっては、ますます尖鋭なジレンマとなって現れてくることになる。私は死者の声に応えて語り始めなければならない。その呼びかけは私に、何らかの道徳的または政治的な態度の取得を求める。しかし、道徳的物語や政治的言説はその経験を決して包摂しきれないということが、あらかじめ、どこかで感じ取られている。そこから、私はどのような言葉を発することができるのだろうか。

林京子の文学的な営みは、この厄介な問いかけに対する応答の試みとして読むことができる。実際のところ、長崎での被爆体験を起点に、「八月九日の語り部[4]」として書くという行為へと向かった林は、必然的に死をつづり続ける作家とならざるをえなかった。林はその日にも、またそのあとにも、おびただしい数の死者に出会い、死を見てきた。そして、作家自らが明晰に意識しているように、だからこそ彼女は書くのである。書くということは「死の側に自分を置く」ということにほかならない。

物を書いているとき、私は、死の側に自分を置いて書いている。これは、はっきりと意識的である。向きあう、文字のない原稿用紙は、まぶしいほどの生である。私は、生に向かって死を書いている。生を書いて、死を書いている。考えたり判断したりする思考の基盤に、正と負があるとすれば、私は死、即ち負を常態として物事を考えている。(5)

死を常態として思考し、生に向かって死を書くこと。それが、林にとって、自らの戦後の生を支える術であった。人々の死んでいった姿を描くことが、自分自身の生命を照らし出す作業となった。例えば、八月九日に同じ長崎の工場に動員されていた同年代の「少女たち」を思い起こしながら、彼女は次のように記している。

十四歳で死んだ少女たちの幼い顔を焼け跡から掘りおこし、その中に自分の生命を置くことによって、私は命の貴重さを知り、死亡した友だちの生命への愛しさも知らされた。彼女たちの死による不幸で、私たち被爆者の生命は鮮明に描き出されている。(6)

ここに語られた、死んだ者たちの「顔」を掘りおこし、そのなかに「自分の生命を置く」ということが、すなわち「書く」ということである。その営みは、死んでいった者たちとともにあり、死んでいった者たちのために書くという意味で、強い倫理性を帯びている。人々がどのように死んでいったのかを語らなければ、その人が生きていたという事実までもが曖昧なものになってしまう。だから、「死」をうやむやのままに放置することなく、正確にその出来事を語らなければならない。それが、その人の存在に「証をたてる」ことであり、ひいては「被爆者」として生き残った「自分の生命を確かめる」ことでもある。

死んでしまった彼女たちにとって、八月九日は、どんな意味を持っているのだろうか。彼女たちの中には、骨さえ残さずに被爆死した者がいる。死の様子は知りようもなく、死を曖昧なまま放置していると、彼女たちの生きていた事実までが、曖昧なものになってしまう。生きていた一人の人間の生命が、時代の底に葬られていいはずがない。彼女たちは一生懸命に、あの時代に生きていたのである。私は、彼女たちが生きていた証をたててあげたい。(7)

だが、「死んだ少女たちの幼い顔を焼け跡から掘りおこ」すことは、どのようにしてなされうるのか。それぞれに「顔」をもった存在がその「死」をどのように生きたのかを、生きて残された者はどのように書き記すことができるのだろうか。

直接に死の現場を見ても、あるいは死者（死体）を目の当たりにしても、それはまだ出来事としての死を語りうることを保証しない。とりわけそれが、一人の人間が生きていたことの証しとして求められるのであれば、死はその現実を生きる者の「経験」として語られなければならないだろう。

林はもちろん、「八月九日」を経験した当事者として、被爆の現実を語る資格をもつ。それでも、死者はなお「他者」の相貌をもって彼女の前に現れるはずだ。その障壁を彼女の言葉はどのように超え出ようとするのか。それを一編の小説に沿って検討すること。本章での考察の目的はこの一点に尽きている。

2　最期の姿を求めて──「道」（一九七六年）

「道」という作品に語られているのは、作者に重ね合わせてみることができる語り手（「私」）が、その前年（一九七五年＝昭和五十年）の暮れに、長崎を訪れたときのエピソードである。まずは、テクストに沿って、その行程をたどり直してみよう。

「私」が長崎を再訪するきっかけは、「原子爆弾で死亡したN先生と、T先生の墓が長崎市内にある、と同級生のきぬ子が手紙をくれた」ことにあった。「きぬ子」と一緒にその墓に参るとともに、二人の先生の「死亡前後の事情」を詳しく知っているらしい「田中先生」に会って話を聞くこと。それが旅の目的だった。

一九四五年八月、「N高女」の三年生だった「私」は、「大橋にあった」三菱兵器工場に動員されて働いていた。兵器工場は、爆心地から一・四キロの距離にある。「N先生とT先生」は「私たちN高女三年生、約三百名の学徒動員について、昭和二十年五月、三菱兵器工場に出向した教師である」（一八六ページ）。生徒たちの監督には、もう一人の「K先生」を加えて、三人の女性教師があたっていた。三人は「年齢もほぼ同年で二十四、五歳、独身だった」（一八七ページ）。そして、三人とも被爆して亡くなっている。しかし、その死亡時の様子がはっきりとわかっていない。

三先生の死は疑う余地はなかった。それでいて、死亡の時の様子になると話は曖昧になった。らしい、らしいと噂話ばかりで、「誰が見た」と断言する話は一つもない。（一八七ページ）

「できることならば、確実な死の様子を知りたい」と「私」は思い続けてきた。「死を確かめること」が「三先生が生きていた証にもなる」。それが、「師への供養」にもなり、自分自身が「身軽」になって、「あの日から抜け出」すための手段ともなるからである（一八七ページ）。

だから、「きぬ子」の手紙に応じて、さっそく「私」は空路長崎に向かう。「私」が乗り込んだ飛行機は、「原子爆弾を投下した」「B29」と同じように、「雲の切れ目」から「光った街」に向かって下降していく。

到着の翌日、「私」はまず母校（現在は校名が変わり、共学の高等学校になっている）へと赴き、N高女の「犠牲者名簿」を見せてもらう。その表紙には、「昭和二十年八月九日、御国に召されし学徒並びに教職員の原子爆弾による犠牲者名簿」と書かれている。死亡した生徒の氏名と死亡月日の一覧のあとに、「教職員の犠牲者」四人の名を記した紙が綴じられている。「T先生」の「死亡月日」は「即死と噂されている」とおり、「八月九日」とある。「N先生とK先生の死亡欄」は「空白」。「私」は、「N先生の名前」が自分と同じ「S子」だったことをこの名簿で初めて知る。

そのあと、「私」は「田中先生」の家を訪ねる。「田中先生」は「八月九日」前後の記憶をたどり、語り始める。その前日に「腸カタル」で入院していた病院から戻ったばかりだったこと。九日の朝「T先生」が家に訪ねてきたこと。その後、家で眠っていて、「不意に掛け布団をはぎとられた」ように感じて跳ね起きると、家のなかの畳がめくれ、ミシンが飛んでいたこと。家の屋根の瓦がすべて吹き飛ばされていたこと。爆風によって窓ガラスやその他のガラス類がすべて砕け散った学校の様子。やがて動員先の工場から担がれるように戻ってきた生徒の一人が、学校に着くなり息を引き取ったこと。その生徒の亡骸を焼いたときのこと。「大橋」の下に避難していたところを発見されて学校に担ぎ込まれた「K先生」のこと。翌日になって学校に戻ってきた「N先生」のこと。その「N先生」が見ただろう「八月九日」の光景。「N先生」が亡くなる間際の姿。アメリカによる死亡者調査のこと、など。どこまでが「田中先生」の言葉なのか、どこからが「私」のなかに喚起されたイメージなのかがときに判然としない形で語りは進んでいく。

そのあと、「九日と十日の新聞」はどこかにあるでしょうかという問いに、「県立図書館に行けば」と「田中先生」が答え、「私」は一人図書館に向かう。しかし、探している「八月九日、十日の新聞」は図書館にも残されていない。そこにもまた「空白」が広がっている。「八月九日の長崎」を語る言葉は、どの新聞にも見いだすことができない。

さらにその翌日。「私」は、「T先生」と「N先生」の墓参りにいく心づもりで、「きぬ子」と待ち合わせをする。「T先生」の墓は、その実家である「E寺」にある。

「E寺」では、「T先生」の母親も、先代の住職だった兄も、すでに亡くなっている。いまは兄の息子に代が移っているが、その日は現在の住職もまた不在で、夫人が応対に出る。住職夫人は、「義父に聞いた話」として、「T先生」は倒れてきた「クレーンのブームの下敷きに」なって「眉間」が割れていたらしいと語る。「死体はみつかったんでしょうか」と「私」が問うと、「そうらしいです、その樫の木の根元で、T先生のお母さんが、義父と二人で焼いたそうですよ」と住職夫人は答える（二二〇ページ）。

「T先生」の遺体を見つけたのは、その母親だったという。母親は、「九日の朝」に、「寺男」をつれて、兵器工場へと娘を探しに出た。そして、原爆が放つ閃光のなかに立っていたという証言を生徒の一人から得る。娘は死んだのだと察した母親は、横たわっている死体を一体ずつ調べて回る。そして、ひどく変質して見分けがつきにくいが、「確かに見おぼえのある」「頭の恰好」をした亡骸を発見する。ふくれ上がってしまった死体を棺桶に詰め込んで、寺の樫の木の下で焼いたという。「眉間の傷が致命傷で」「即死」らしかったと語られる。

墓参りをすませたあと、「きぬ子」が「私」に語り始める。自分は、「T先生」の最期の瞬間を見た。それは倒れてきた「クレーン」による傷ではなかった。原爆の閃光が、「先生」の顔を二つに切り裂いたのだと。

「人を惑わすような事は、言わないで」ほしいと「私」はいう。「T先生」はここで焼かれたのだから。しかし、「きぬ子」は、それには同意しない。

二人は、その日に行くはずだった「N先生」の墓に参ることをやめる。自分と同じ「S子」という名前が刻んである墓を見るのは、今日は気が重いと「私」は感じる。

「私」は、「先生」たちの最期の姿について、確実な話にたどり着けない。「田中先生の話も、住職夫人の話も、きぬ子の話も、それぞれが確かな話である。それでいて問い詰めていけば、確かな話は二つに、三つに、わかれる」（二二六ページ）。正午を告げるサイレンの音を聞きながら、「私」は長崎の街を見つめる。

3　証言の分裂——企ての破綻

このように「道」は、原爆によって命を落とした三人の先生の最期の姿を求めて「私」が「証言者」たちを訪ねて歩く物語である。

「私」は「先生」が「どんな姿で死んだのか」を知りたいと思っている。「私は、先生の痛みを知りたい。痛みを感じることで、八月九日で跡切れてしまった師との仲を、蘇らせたい」（二〇四ページ）。そうしなければ、「私の内の三人は死んでくれない」と感じている。

そのために「私」は、三人の語り手（「田中先生」「住職夫人」「きぬ子」）に出会う。それぞれの証言から、「先生」たちの最期について何がわかったのか。あらためて確認しておこう。

①「田中先生」は、学校に担ぎ込まれてきた「K先生」の様子を語る。「K先生」は即死ではなかった。浦上川に架かる橋の下に避難しているところを発見されて、同僚の教師に背負われてやってきた。しかし、「田中先生」は「K先生」の最期には立ち会っていない。

同じく「田中先生」によれば、「N先生」は翌日（八月十日）の午後、自力で学校に帰ってきた。九日の午前中、県庁での仕事をすませた「N先生」は「大橋行き」の電車のなかで「原爆」の「閃光」を見た。そのあと、生徒たちが動員されていた兵器工場まで歩いて、生徒たちの救助の活動にあたり、翌日学校に戻った。「N先生」が亡くなったのは、被爆から一カ月近くたったころだった。「亡くなる二日前」に見舞いにいった、と「田中先生」は回想する。そして「N先生」の遺体を焼いた記憶がある。その煙が「もぐさ色」だったということも。

しかし、「田中先生」の語りには「T先生」の最期の様子は含まれていない。

②「E寺」の住職夫人は、「T先生」の最期について伝聞を語る（彼女自身が直接に見たことではない。それは「義父（T先生の兄）から聞いた話」として語られているが、「T先生」の遺体を発見した直接の体験者は「先生の母親」である。「住職夫人」の語りは肝心の部分で「伝聞の伝聞」という性格を帯びている）。

「母親」は、「T先生」が「ぴかっと光ったとき、光の中に立っとんなったとです」（二二一ページ）というある生徒の証言から、「娘」はすでに死んでいると察して、「職場の近辺」に倒れている亡骸を、「寺男」とともに一体ずつ起こして探し回ったという。そして、「普通の人の倍に腫れあがって」しまった死体のなかから、娘のものと思える遺体を発見した。ふくれ上がった死体を棺桶に押し込んで、ようやく釘を打ち、（E寺の）「樫の木の根もとで焼いた」。死因については、「クレーンのブームの下敷きになったとかで、眉間が真二つに割れていたらしかですよ」（二二〇ページ）、「眉間の傷が致命傷らしかです」（二二三ページ）と語られる。

③「きぬ子」は、「T先生」の最期について別様の話を語る。それによれば、死因は「クレーン」が倒れ込んできたことによる傷ではなく、工場のなかで、爆風に飛ばされながらも立ち上がった先生の眉間を、「オレンジ色」の光が切り裂いたのである。そして「顔」を二つに割られながら、「T先生」は「なぜ」と問いかける驚きの表情をした、という。

　こうして三者の語りは、とりわけ「T先生」の最期について、一つの事実に収斂することなく終わる。「田中先生」は「T先生」の死については何も語らず、「住職夫人」は「E寺」に語り継がれた一つの「事実」を伝える。しかし、「きぬ子」がまったく相反する目撃談を提示することによって、その事実性は宙づりにされてしまう。ひとたび疑い始めれば、「母親」の発見した死体が本当に「T先生」のものだったのかどうかさえ怪しく思えてくるだろう。「死んでいった人々」の最期の姿を探し求める「私」の企ては、確かな結論にたどり着くことができない。そのもくろみの破綻は、原爆による死の現実を、「事実」として語り継ぐ言葉の欠落を示唆しているようにも見える。「九日と十日」の「新聞」がどこにも存在しないというエピソードは、「事実」を共有する公共的な言葉の不在、出来事をめぐる言語的な空白を象徴しているように思える。

　したがって、「私」の旅は完結しない。最後に「私」が「N先生」の墓参りにいくことをやめるところで作品が終わっているのも、その企てが閉じていないことを示している。語ろうとして語り尽くせない出来事。語りを得ることで記憶に区切りをつけようとしても、物語の表皮を破って、そのつど新たな傷が蘇ってくる。「九日のガラス片が手のひらに残っていて、うっかり強く叩くと、肉に埋もれたガラス片は、肉の内部で、肉を切るのだ」（二二六ページ）。最後に分裂したまま投げ出されてしまう証言は、「八月九日」の記憶が、とりわけ「死の経験」の語り継ぎという企てによって閉じることはないということを教えている。

4 記憶から記憶へ――「道」での語りの重層と移行

しかし、そうであればこそ、「私」は果てしのない語りの反復に呼び込まれていくのでもある。(8) 決して決定的な語りにたどり着けないような危うい条件のもとで「証言」とその聴取がなされているがために、いくつもの異なる版で、また異なる様式で、語りは継続されざるをえない。

その過程で、語り手はまったく無力なまま、立ち尽くしているわけではない。「私」は「証言者」たちの言葉を引き受けながら、「八月九日」について、そこに生じた「出来事」についてすでに何事かを語りえている。では、それはどのようにしてなされたのだろうか。とりわけ、自らが直接の目撃者にはなりえない「三人の先生」の死について、「私」はどのように語ることができたのか。以下に私たちは、「道」という作品での語りの技法に着目しながら、記憶の継承がどのような言葉の配置のうえに可能となっているのかを見ていこう。

ここで私たちは、語り手が文体上の創意を通じて自在にその視点を移動させ、ほかの人物のまなざしに同一化しながら記憶を呼び起こしていることに気づく。

作品全体を構成する骨格として、「道」は、現在の「私」の視点から語られている。その「私」は、前述のように、証言の聴き手であり、証言者の言葉は他者の発話として提示される。ところが、三人の証人との対話の場面では、しばしば括弧（「　」）が削られ、他者の発話であることを指示するそのほかの文言が省略され、見かけ上、「証言者」が直接語り手を代理しているかのように進行していく。これによって、「私」の意識から「証言者」の意識へと連続的な（滑らかな）移行がおこなわれ、「聴き手」と「語り手」の視点が融合していく。少し引用が長くなるが、「田中先生」とのやりとりの冒頭の場面を例にとってみよう（段落ごとに番号を付す）。

① 田中先生の家は、道路に面した二階家である。木の格子戸の古い家で、玄関は、道より二十センチばかり低くなっている。

（九行略）

② 山茶花が一本、白い花をつけて裏庭に咲いている。木のすぐ際から、西陽を受けた人家の屋根が、川に下る坂道にそって、びっしり連なっている。空き地はなくなっていた。

③ 「あの日、僕は退院したばかりでね、十ちゅう八、九は、僕も空き地で焼かれる運命にありましてね」

④ 七月上旬から八月八日まで、先生は浦上にある長崎医大付属病院に入院していた。爆心地から約千五百メートルの距離で、同じ地区にあった医科大学は、教職員あわせて八百数十名の死者を出している。

⑤　田中先生の病名は腸カタルである。なんでも食いましたから、カタルにもなりますよ、と先生は口の端で笑った。
⑥　退院許可が出たのは八日の朝、軍医あがりの老内科医が、先生を医務室に呼んで、待望の家に帰りますか、と退院の許可をくれた。
⑦　先生はその場で電話を借り、自宅の夫人に夕方迎えに来るように、電話をかけた。
⑧　長崎の夏は、暑い。光の中に棘があって、剣山で素肌をさすような暑さである。
⑨　病後の体に日中の退院はこたえる。
⑩　先生は身の廻りの品を風呂敷に包んで、夕方を待った。夫人が迎えに来たのは、夕方の六時をすぎていた。
⑪　帰り支度を整えて、ベッドに坐っている先生を見て、気が早い方、と夫人は笑った。そして人力車を探してきますから、と病室を出て行った。
⑫　食糧不足の時代である。街をながして客を探す人力車はないが、病院の庭には常時、三、四人の車夫が客を待っている。その日に限って、人力車は一台もない。
⑬「仕方ありませんね、電車では無理ですし、あすの朝まで我慢して下さいね」
⑭　西山から人力車をつれて迎えに来ます、と夫人は風呂敷包みを一つ、胸に抱いて帰っていった。

（一九四—一九五ページ）

冒頭の語り（①②）は、現在時の「私」の視点から見た叙景的な記述である。

これに続いて、その現在時で「私」が聞いた「田中先生」の言葉が、括弧で括って提示される（③）。

そのあと、「田中先生」が語っただろう過去の事実を、「私」が整理して伝え、これに歴史的な事実を添える語りへと移行する（④）。

そこに、今度は括弧を外して、しかし「田中先生」の発話であることを明確に指示する一文（「と先生は口の端で笑った」）が挿入される（⑤）。

⑥⑦は再び、「田中先生」の語りを「私」が編集して伝えているが、そのなかに「老内科医」の言葉（「待望の家に帰りますか」）が、括弧なしで挿入される。

⑧と⑨で、時制が現在形に変わる。⑧は一般論として「長崎の夏は暑い」ことを語るがゆえの現在形だと読める。しかし、それに引きずられるようにして導入される⑨の語りは、その日（八月八日）の「田中先生」の意識に内在する「現在形」の表現である。

以後の語り（⑩―⑭）は、三人称で語られていくが、どこまでが「田中先生」の言葉の編集であるのか、どこからが小説的な虚構の語りであるのかが判然としない。語り手は、あたかもその場面に立ち会ったかのように、ディテールを語り、その場にいた人の言葉を再現する。結果として、同じように括弧に入れられた言葉の提示でありながら、⑬の夫人の言葉は、③の田中先生の言葉とまったく異なる発話上の地位を示している。③は語り手（「私」）が聞いた、他者の言葉の直接的な再現である。⑬は、その他者の語りのなかに現れたまた別の人物の言葉を、おそらくは「私」が、多分に虚構的な構築（想像力による補完）を加えながら呼び起こしたものである。その二つの発話が一ページのあいだに、まったく同じ体裁をもって現れる。それを可能にするだけの語りの体制の移行が、この短い展開のうちになされているということである。

あえて図式的に整理をするならば、ここでは、他者の言葉の文法的な処理の仕方に関わる、三つの異なる体制間の移行が見られる。

伝聞を示す直接話法。語り手（「私」）が聞いた他者の言葉は括弧に入れて提示される（③）。

伝聞を示す間接話法。他者の言葉は、「〇〇は言った」というような文言を添えて、語りの地の文に組み込まれる（⑤）。

語り手によって編集された小説的語り。他者の言葉は、それが伝聞として聞き取られたものであることを示す記号や文言を付さずに、地の文と連続的な形式で挿入される。ここでは、「私」が小説的な語り手の権限を行使して、他者（証言者）を代理し、他者の視点から語りうるかのように振る舞っている。他者の語りは、三人称の語りに編集されて提示される（⑨―⑭）。

同じような語りの体制間の移動と往復を、「住職夫人」の語りや「きぬ子」の語りの場面でも見ることができる。こうした操作によって、読み手は、いつのまにか、しかも早いテンポで、「現在」の視点から「八月九日」の視点へ、「証言の聴き手」の立場からその「語り手」の立場へと呼び込まれていくのである。

ところで、本章の文脈で問われなければならないのは、そのような文体上の創意がこの作品で求められているのはなぜか、すなわち、こうした小説的な操作が「八月九日」を語る方法としてどのように機能しているのか、にある。

おそらくそれは、語り手としての「私」が、語られるべき「他者の死」に対して、どのような距離に立とうとしているのか、どのような構えでその経験に向き合おうとしているのかに関わっている。私たちはここで、「私」が「先生の痛みを知りたい」と語っていたことを思い起こさなければならない。「私」が知ろうとしているのは、三人の教師がどのような状況で死んでいったのかに関わる客観的な事実（だけ）ではなく、その死をどのように経験し、そこで何を感じていたのかである。それは、本章の冒頭に用いた言葉を反復すれば、「死にゆこうとする人に出会う」こと、あるいはジャンケレヴィッチの言葉を転用すれば、「二人称の死」を語ることではないだろうか。

そしてそのためには、「私」は、「その人の死」に立ち会った「他者」のまなざしに内在しなければならない。歴史を探求する研究者のように、伝聞情報から「事実」を推理するだけでは、決定的に足りないものがある。「私」にとっては、死者に「会う」ことが問われている。いささか強引とも思える「証言の領有」を犯しながら、「私」が「他者の視線」の内側にもぐり込み、そこから「八月九日」の現実を見つめようとするのは、そうした「他者の経験への欲望」がはたらいているからである。

その意味では、前節で見たような証言の拡散と事実の不確定性は、ただちに語りの失敗を意味するわけではない。「私」は「死者に出会う」ことができたのか。本当に問われなければならないことは、そこにあるように思える。

5　顔を奪われた死者たち

そうした認識を踏まえ、やや視点を変えて、この作品を「死者に出会おうとする」物語として読み直してみることにしよう。ここでの読解の鍵は、語り手たち（「証言者」と「私」）の前に、死者がどのような顔をさらしているのかにある。

「道」は、死者の顔をめぐる作品である。それほどここには、「被爆」によって死にゆこうとする人々の顔の描写がたくさん登場する。しかし、その多くは、顔を奪われた死者である。

「八月九日」を生き延びた人々は、息も絶え絶えの姿で帰り着いた者を迎え、あるいは消息の途絶えてしまった者を探しに出かける。しかし、原爆の光と熱を浴びた人はしばしば、もはや誰であるのかもわからないほど相貌が損なわれている。例えば、「被爆地の工場」から「N高女」に戻ってきた一人の生徒の姿は、「田中先生」の視線を通して、次のように語られる。

彼女は、「比較的元気」な背の高いもう一人の生徒に「肩を支えられ、引きずられながら歩いてくる」（二〇一ページ）。「田中先生」は思わず駆けだしていって、彼女の体を受け止める。

どうした、と引きずられている少女を、先生は抱きとった。そして息をのんだ。顔がなかった。怪我は火傷によるものらしく、顔は白濁した液を溜めて腫れている。目もない。鼻もない。

唇もない、ただ、針で突いたほどの小さい鼻腔が、少女の顔の、少女らしい柔らかさをとどめていた。「何年生か、名前をいいなさい」後を走って来た校長は、落ち着いていた。背が高い少女が、校長先生、と呼びかけた。早よう、みんなを助けにいってあげて下さい。死んでしまう、と言った。顔のない少女も、何事かを訴えようと、顔を校長に向けた。しかし声に出す力がなかった。

（二〇一ページ）

「少女」は、ようやくたどり着いた学校で、先生の腕に抱かれて息を引き取る。だが、彼女は何者として死んでいったのだろうか。「名前をいいなさい」という「校長先生」の問いかけに答えは返ってこない。「顔がない少女」が「顔を向け」て何事かを訴えようとするが、すでにその力もなく、亡くなってしまう。その「目」や「鼻」や「唇」とともに奪い取られているのは、「何者かとして死んでいく」という単純な権利だといえるだろう。そして彼女は、亡骸の引き取り手もなく、学校で、「田中先生」の手によって焼かれることになる。

同じように、「大橋」のたもとに避難しているところを同僚の教師によって見つけられ、その背に負ぶわれて学校に帰ってきた「K先生」も、「名前を質さなければ、身許の判断がつかな」（二〇五ページ）いほど、その肉体が変形していた。それでも「即死」ではなく、学校に帰ってきてからも生きていたのですねという「私」の問いかけに、「田中先生」はこう答える。

「いや、彼〔同僚の教師：引用者注〕が九日の夜K先生を背負って学校に帰って来ています。

即死ではないなあ、K先生だったなあ、あれは。僕は顔を見たんですよ、でもね、顔のない人間を、いくら眺めても同じでね、相手を認めるっていうことは、顔なんだなあ」(二〇五ページ)

「田中先生」は、その人を「K先生だったなあ、あれは」と振り返る。そこでは、身元の同定はなされている。しかし、相手の顔を見て確かにその人であることを認めるということがもはや困難な状態だったことがうかがえる。「相手を認める」ということ、そこに「その人の」存在を認めるということは、「その人の顔」の現れに依存している。その当たり前の認知が、もはや可能でないほどに、その体は傷んでいる。「K先生」もまた、「顔がない人間」として死んでいく。

さらには、娘の死体を探し歩く「母親」が見た(と語られる)「T先生」の亡骸の様子。「母親」には身元を特定するための一つの手がかりがある。それは「南無阿弥陀仏」と書かれた寺の「のぼり」で下着を縫って「T先生」に着せていたことである。「念仏の一部でも焼け残って、肌に付いているなら、それは娘だ」(二二一ページ)。そう思いながら、「母親」は、「寺男」とともに「職場の近辺」に横たわる死体の間を歩き回る。そして、ようやく「娘」のそれと思しき遺体を見いだす。その場面。

寺男が、地に伏した死体を、一つ一つ起こして、顔をのぞき込んでいる。その一、二間先に、両手を広げて、地に伏せて死んでいる遺体がある。死体は、普通の人の倍に腫れあがっている。女のようだった。

丸太のように転がる死体を眺めているうちに、死体の髪の毛が目に入った。とっさに、母親は立ち上がった。遺体は、娘に似た茶色い細い毛をしていた。血液がにじんで、乾いた部分が黒くみえるが、確かに見おぼえがある、頭の恰好をしている。

生前の娘らしく、細っそりした死体を探していた母親は、自分を取り囲む周辺の異常さを、改めて知った。

母親は、寺男を大声で呼んだ。遺体を、二人で仰向けに起こした。伏せた腹の部分に、のぼりの墨字が残っていた。（二二二ページ）

ここにも「T先生」の顔は現れてこない。死体は、一見するだけでは判別がつかないほどに変形し、ふくれ上がっている。「三度も四度も眺めて、通り過ぎた死体らしかったですよ。自分の娘がわからんほど、ひどかったらしかですよ」（二二二ページ）と「住職夫人」は「私」に伝えている。身元の特定は髪の毛の色や細さ、「頭の恰好」、そしてなにより「のぼり」の生地に書かれていた「墨字」を手がかりになされている。この場面で母親が目にしたはずの顔については直接言及がなされない。ただ、「クレーンのブームの下敷きに」なって「眉間が真二つに割れていた」ことが「死因」として語り継がれるばかりである。「T先生」もまた、「顔がない人間」として死んでいったのである。

こうして繰り返し語られている「顔がない死者」たちの姿は、その容貌の異様さとともに、原爆による死の異常さ、その非道さを明らかにする。それは、人間が一個の人間として死んでいくことさえも、奪い取る。その熱と光は、人を、もはや人間ではない何かに変形して、死をもたらす。たとえ「最期の瞬間」に立ち会ったとしても、「死にゆこうとする者」と「看取ろうとする者」との相互的（対面的）関係は成り立ちがたい。何人の命が奪われたかということだけではない。私たちはそこに、圧倒的なまでに「不正な死（unjust death）」を見ざるをえない。

6　引き裂かれた顔の記憶

だが、そうであればこそ、「きぬ子」が最後に語った「T先生」の「顔」は、私たちの前にひときわ鮮烈なものとして浮かび上がってくることになる。

「私」と二人で墓参をすませ、「E寺」の石段を下りていく途中に、「きぬ子」は突然、「さっき、光の中で先生ばみた、って話しなったろうが」と語りかける。そして、「八月九日」の朝に「T先生」が工場でどんな様子だったのかが回想され、やがてその話は、被爆の瞬間へとたどり着く。語り手（「私」）の視点はここでも「きぬ子」のそれに同一化し、あたかも自分がその場にいたかのような臨場感をもって、そこに差し込む光が織り成す陰影にいたるまで、鮮明に記述されていく。

詰所ときぬ子の職場の中間に、工場の出入り口がある。T先生が、入り口に向かって立った。翳りがちだった光が、瞬間、入口を長方形に浮きたたせた。T先生は、目を細めて光を眺めていたが、くるりときぬ子の方を振り向いた。そして、にっこり笑って片手をあげた。用ですか、と職場を離れて行こうとすると「違う」と首を振って、一言一言、口を大きく開けて、何か言った。機械の音に掻き消されて、T先生が何を言ったか、きぬ子には聞きとれなかった。

その時だった。オレンジ色の、帯状の閃光が地を叩いて、なだれ込んだ。

光は、溶鉱炉の鉄のようにほとばしり、入口に立っているT先生を、弾き飛ばした。


（二二五ページ）

このあとは、先に見た三つの話法が瞬時に入れ替わり、したがって、語りの現在時と「八月九日」の視点がめまぐるしく交錯しながら、「きぬ子」の目に映った「T先生」の最期が語られていく。


飛ばされた先生は、すっくり起き上がり、光の中に立っていた。

「うちは、見たっさ」ときぬ子が言った。

光の中に立つT先生の眉間を、一きわ光ったオレンジ色の光線が、鉈のように鋭く、切りつけた。

「クレーンじゃなかっさ、光で、先生の顔は二つに割れたっさ」きぬ子は樫の幹を、手のひらで撫でて、

「はっきり、うちは覚えとる、先生の驚きなった顔を」と目を伏せた。あの一瞬の表情は即死した人間の表情ではない。なぜ！　と問いかける、驚きの表情だった。だから、いまでも誰かに、なぜ、と問いかけながら、何処かで生きている気がする。今日まで墓を訪ねなかったのは、遺体がみつからないまま、死者の仲間に数えられているのではないか。それを聞くのが怖ろしかったのだ、と言った。（二二五ページ）

ここで想起されているのは、顔面を二つに引き裂かれながら、なお「なぜ！」という問いを発する表情である。原爆の閃光は、たちまちのうちに「T先生」を死の側へと連れ去ったにちがいない。けれども、あれは「即死した人間の表情ではない」と「きぬ子」は回想する。ほんの一瞬の、けれども一瞬のあいだと呼びうるだけの厚みをもった死の過程にあって、「T先生」は顔を奪われることなく、生き残ろうとする者に向かって「問い」を放っている。そこに浮かび上がるのは、死の瞬間における人間の顔、あるいは「死にゆこうとする人」という名の「他者」の顔である。

「きぬ子」はそれを見たがために「T先生」が本当に死んだとは信じられないという。それは、「すでに死んでしまった」という過去形で、この出来事を振り返ることができないということである。彼女のなかには、「死にゆこうとする現在」の時だけが刻み付けられている。そして、「私」もまた、「きぬ子」の視点に同一化することを通して、「T先生」の顔を見てしまったのだといえるだろう。

7　事実を知るということ／死者の顔に出会うということ

もちろん「私」は、単純に「きぬ子」の証言が「事実」を告げていると考えているわけではない。先にも述べたように、「語り手」も、そして「読み手」である私たちも、出来事の事実性（例えば、「T先生」の死因は何だったのか）に関して、明確な認識を得る地点にたどり着けてはいない。しかし、戦争による、そして原爆による大量死のなかで、一人ひとりの人間の最期の様子を「事実」として記述しうるか否かという問いとはいささか位相を異にする形で、「きぬ子」の証言は、被爆死の「経験」を語ろうとしている。

そこには、死にゆく者の顔が露出している。閃光によって引き裂かれながら、その突然の、圧倒的な暴力に戸惑い、あるいは怒り、あるいはそれを糾弾するかのように「なぜ」と問いかける「顔」。それは、「危機の瞬間に思いがけず」現れてくる「過去の一回かぎりのイメージ」[9]（ヴァルター・ベンヤミン）のように、一瞬のまたたきのなかで「すべて」を開示する力を宿している。いつまでも過去を見つめ続ける「私」や「きぬ子」の前に、閃光のように浮かび上がるその顔貌は、「私」たちに向けて問いを発し続ける。その「顔」を見てしまった者は、その出来事を「過去」のものとして語り終えることができない。

そう考えてみると、この小説の結末で「私」がたどり着いた状況は、単に複数の「事実」の可能性のあいだで引き裂かれているというだけでは足りない。むしろ、その人の「死」を、事実性の語りのうちに包摂しようとする姿勢と、その人の「顔」に出会い、その人の問いかけにさらされてしまうという事態とのあいだの、埋め尽くしがたい溝に立ちいたっているのだというべきではないだろうか。

生き残った者は、死者の顔を探し求める。しかし、死者の「顔」を見た者は、決してその出来事を過ぎ去った現実とすることができないのである。

＊引用作品

林京子「道」からの引用は、井上ひさし／河野多惠子／黒古一夫編『三界の家　道』（〔「林京子全集」第三巻〕、日本図書センター、二〇〇五年）による。

注

（1）石原吉郎『望郷と海』（ちくま文庫）、筑摩書房、一九九〇年、九ページ（初版：筑摩書房、一九七二年）

（2）Vladimir Jankélévitch, *La Mort*, Flammarion, 1966.（V・ジャンケレヴィッチ『死』仲澤紀雄訳、みすず書房、一九七八年、九五ページ）

（3）鷲田清一『死なないでいる理由』小学館、二〇〇二年

（4）林京子が自ら「八月九日の語り部」と名乗ったのは、『無きが如き』（講談社、一九八一年）においてである。この「宣言」のもつ意味については、黒古一夫『林京子論――「ナガサキ」・上海・アメリカ』（日本図書センター、二〇〇七年）に論じられている。

（5）林京子「上海と八月九日」、大江健三郎／中村雄二郎／山口昌男編著『中心と周縁』（「叢書文化の現在」第四巻）所収、岩波書店、一九八一年（井上ひさし／河野多恵子／黒古一夫編『自然を恋う瞬間の記憶』（「林京子全集」第七巻）、日本図書センター、二〇〇五年、三七七ページ）

（6）林京子「三十三回忌の夏に」「東京新聞」一九七七年八月九日付（前掲『自然を恋う　瞬間の記憶』三四二ページ）

（7）同書三四二ページ

（8）「T先生」の死についても、幾度か作品を超えて語り直されている。「道」の一年前に発表された「祭りの場」（一九七五年）では、「T先生はクレーンにみけんを割られ即死した」（井上ひさし／河野多恵子／黒古一夫編『祭りの場　ギヤマン　ビードロ』（「林京子全集」第一巻）所収、日本図書センター、二〇〇五年、四三ページ）と明確に記されている。また『やすらかに今はねむり給え』（一九九〇年）では、「T先生」は「南先生」という名前で語られる。「引率者の南先生は、八月九日に被爆死した先生である。額にクレーンが当たって、即死だった。遺体は先生の母親と、寺の下働きの男が、工場の焼け跡から連れ帰っている。三日四日経っており、遺体の腹部が膨れあがって、用意した棺の蓋が閉まらなかったという」（井上ひさし／河野多恵子／黒古一夫編『やすらかに今はねむり給え　青春』（「林京子全集」第五巻）、日本図書センター、二〇〇五年。一七―一八ページ）と、「住職夫人」の語りがそのまま「事実」として反復されている。「先生」の生家である「寺」を訪ねたことには触れられているが、「きぬ子」の語りは一切引用されない。

（9）Walter Benjamin, Geschichtsphilosophischen Thesen, *Schriften*, Suhrkamp, 1955.（ヴァルター・ベンヤミン「歴史哲学テーゼ」野村修訳、『ヴァルター・ベンヤミン著作集1　暴力批判論』晶文社、一九六九年、一一五―一一六ページ）

第5章　顔の回復

――他者の現れを待ち続ける探偵としてのメグレ

他者を見るとは、彼女のいる場所を私も占めることができる場所と見ることだ。
（アルフォンソ・リンギス『異邦の身体』[1]）

第1章で私たちは、主に二十世紀前半の本格推理物と呼ばれる作品群のなかに「首がない死体」や「顔を損なわれた死体」が反復的に描かれていることを確認し、一方ではこれを、「第一次世界大戦」での「大量死」経験のアレゴリカルな形象として、他方では、司法的権力が向ける「観相学」的まなざしとそれに対する抵抗の身ぶりとの「攻防戦」の場として読むという可能性を示した。いずれにしても、その基底には、「人間」が「人間」として他者に出会い続けるという、ある意味では当たり前の「日常性」が根本から損なわれているという現実感覚がある。他者が現れる場所としての「顔」を喪失した世界が、「首無しの死体」に集約されて表出される。これが私たちの基本的な視点である。

では、そのようにしてうつろな場所となってしまった「顔」を目の前にして、「探偵」は何をしているのか。そして、探偵小説という物語は、この「離人症」的空間のなかでどのような振る舞いを見せようとしているのか。本章では、この問いを念頭に置いて、英米圏の「本格推理」の潮流からは少し外れたところに目を向ける。考察の中心に置かれるのは、ジョルジュ・シムノンが生み出した一人の伝説的な探偵ジュール・メグレ。テクストとして取り上げるのは、やはり「頭部がない死体」の発見から始まる『メグレと首無し死体』（一九五五年）である。

1 『メグレと首無し死体』

物語の舞台はパリ。サン・マルタン運河を行き来する伝馬船のスクリューに「男の腕」が引っかかるところから捜査が始まる。警察が運河の底をさらうと、ばらばらにされた「男の死体」が発見される。しかし、その「首」だけが見つからない。

法医学研究所の医師による検死によって、この男の身元についていくつかの手がかりが与えられる。男は五十歳過ぎ。労働者あるいは農民の手。しかしもう長いこと重い道具はにぎっていない。死因は溺死ではない。死体は金鋸と肉切り包丁によって切断されている。腹に虫垂炎の手術の痕。そして、田舎で受けたのだろう猟銃の霰弾の痕。日常的に酒を飲む習慣をもっている（胃袋には白ワインが残っている)。手の爪の間に「硝石まじりの土」と「赤い蠟のかけら」。これらの手がかりから、メグレは「要するに、居酒屋《ビストロ》だな!」と推理をめぐらせる。そして、最初の捜査のときに電話を借りるために立ち寄った「ヴァルミィ河岸」の居酒屋〈シェ・カラ〉を思い出す。

〈シェ・カラ〉の主人は、オメール・カラという。ビリヤード狂いの遊び人という評判である。店は、妻アリーヌ・カラが仕切っている。メグレはアリーヌに「オメールはいつ帰ってくるの」かと尋ねる。「ワインの仕入れに出かけていて、いつ戻るか分からない」という答えが返ってくる。メグレは白ワインを飲みながら店に粘り、女を観察し続ける。

やがて、店の周辺であやしい振る舞いをしていたアントワーヌという若い男を、部下が捕まえて連れてくる。アントワーヌは店の常連だという。メグレが追及すると、アリーヌはあっさり、この男と肉体関係があったことを認める(アントワーヌが第一の容疑者として浮かび上がる)。

ところがメグレはその捜査筋には深く関わろうとせず、オメールとアリーヌの来歴に関心を向ける。オメールとアリーヌには娘が一人あり、いまは家を出て、市立病院で外科医の助手をしている。アリーヌは、十七歳のときにその娘を身ごもって、オメールとともに故郷の村ボワサンクールから出てきたのだと語る。

メグレは娘リュセットに会いにいく。その証言から、オメールがたびたびアリーヌに暴力を振るっていたこと、アリーヌは、アントワーヌ以外に、店の常連であるデュードネ(あばたのある赤毛の男)とも関係を結んでいたことがわかる(第二の容疑者の浮上)。

一方、捜査のなかで、駅の荷物預かり所から、引き取り手がないスーツケースが出てくる。それがオメールのものだとわかり、死体がこの男であることの状況証拠が固まる。駅の荷物係は、預けにきた男がアントワーヌに似ていると証言する。ところがメグレは、相変わらずアントワーヌには関心を向けず、デュードネに目星をつける。

尋問のために、警察はアリーヌを連行する。同時に、店の奥の捜査がおこなわれ、死体のそれと一致する指紋が検出される。メグレはデュードネを探し出し、取り調べを開始するが、容疑者は「何も言うことはない」と穏やかに答える。

探偵は、アリーヌとデュードネの犯行であることに確信をもち始める。しかし、「動機」が十分に理解しきれない。何十年も前から関係をもっていて、すでに男女の間柄としては落ち着いてしまった二人が、なぜいまさら夫を殺して、切り刻んで捨てようとするのか。それが腑に落ちずにメグレは苛立つ。

メグレは、アリーヌとオメールの関係のなかに事件を解く鍵があると気づき、ボワサンクールの村に捜査の目を向け始める。その探偵の意志に応えるかのように、村の公証人カノンジュが証言者として現れる。カノンジュはかつて、「ボワサンクールの城館《シャトー》」に暮らすオノレ・ド・ボワサンクールの管財人であった。その証言によれば、オノレ・ド・ボワサンクールは麦の投機的商売で儲けた成り上がりであり、アリーヌはその娘だった。オメールは、城館で下僕として働いていた男だったが、アリーヌは父親に反抗し、絶望させるためにあえてこの男と関係をもち、妊娠して、家を出ていった。誰もが、オノレは娘の相続権を剝奪したものと思っていたが、最近になってオノレが死んでみると、遺言状に指名されていた相続人はアリーヌであった。そして、その事実が「新聞広告」で告げられたのである。

事件は、その新聞広告を見たオメールが遺産を受け取るようにアリーヌに詰め寄ったところから生じた。遺産相続を拒否するアリーヌとの諍いの場にデュードネがやってくる。デュードネはオメールを殺し、二人で死体をばらばらにして運河に捨てる。死体が見つからないまま、あるいは誰のものともわからないままに時が過ぎることだけを期待して……。

2　定型からの逸脱

このように『メグレと首無し死体』は、「死体の発見―捜査・推理の進展―事件の解決」という枠組みのなかで進む「探偵小説」にほかならない。しかし、定型としての「推理小説」、特にイギリス流の「本格推理」を想定して読み進めていくと、期待を大きく裏切られる作品でもある。むしろ、ここでは「推理もの」としての基本的な約束事さえ守られていない、ということができるだろう。

「謎解き」小説としての構成の破綻は以下の点に求められる。

①「犠牲者」の身元があっさりと判明し、疑問の余地がない（せっかく「首無しの死体」を掲げておきながら、それがオメール以外の人物だという可能性は一度も浮上しない）。

②「容疑者」の数が少なすぎる（真犯人以外にはアントワーヌしか登場しない。しかも、アントワーヌが犯人だという可能性を、メグレは真剣に検討していない）。
③「容疑者の発見」があまりにも幸運な偶然によっている（たまたま捜査の日に立ち寄った居酒屋が、そのまま犠牲者と犯人の店だという設定になっている。しかも、それ以外の居酒屋が問題となる可能性ははじめから排除されたまま、探偵は直感的にアリーヌに狙いをつけている）。
④決定的な手がかり（証言）を与える人物（カノンジュ）が最後になって登場し、欠落していたピースをもたらしてくれる（探偵が捜査によって真実を突き止めるというより、真実を語る役割を負った別の人物が、都合よく現れ、すべての謎を明らかにしてしまう）。
⑤「犯人の特定」（誰がやったのか）についての答えは早々に出てしまい、「動機」（なぜやったのか）の説明が遅れて明らかにされる（すべての謎が、最後に、一挙に明らかにされるというジャンルのルールから逸脱している）。

こうした理由から、『メグレと首無し死体』では、偶然によって容易に「犯人」が特定され、「探偵」がはじめに怪しいとにらんだ「容疑者」がそのまま「犯人」だという結末に終わる。「誰がやったのか」わからないという「サスペンス感覚」に乏しく、「どんでん返し」の「意外性」がともなっていない。したがってまた、「探偵」と「読者」の双方に与えられた情報から、犯人と犯行の理由や手口を推理していく「ゲーム」としての性格を満たしきれていない。その意味で、「推理小説」という観点から見れば、よくいって「B級小説」、悪くすれば「まがい物」といわれかねない代物となっている。『メグレと首無し死体』は、文庫版の「解説」で、「本格もののミステリを読み慣れた読者にとっては、噴飯《ふんぱん》ものだろう」（二三四ページ）と書かれてしまうような作品なのである。

しかしそれでも、ここには小説的な魅力（読ませる力）を備えたテクストが提示されている。その力は、本格ミステリーのそれとは別様のものとしてはたらきかけている。すなわち、テクストの「賭け金」は別の場所に置かれている。シムノンは「探偵小説」という形式を借用して別様の何かを書いている、あるいは「本格推理」という定型からの「逸脱」によって何事かを物語っている。ここでは、探偵がホームズやポワロとは別様の存在として機能していて、その「落差」のうちにこそ、「メグレ」の目指しているものが浮かび上がってくるように思われるのである。

では、この作品で、探偵は何を暴き出そうとしているのか。物語はどこに勝負のポイントを置いているのか。「首無しの死体」、そして作品中に繰り返される顔の描写に着目しながら、これをあらためて考えてみることにしよう。

3　「法医学」のまなざし　対　「ハビトゥス」の解読

物語の冒頭に浮かび上がる「首無しの死体」は、ほかの多くの推理小説と同様にここでも、「犠牲者の身元」（誰がやられたのか）を、究明すべき「謎」として提示する役割を負っている。そして、「顔を奪われた身体」からその人の正体を暴き出していく手段として、「法医学」的な技法が駆使されている。

発見された死体は、「法医学研究所」に搬送され、「白い仕事着を着て、両手にゴムの手袋をはめた」検死医ポールの手によって、「上機嫌」（三一ページ）に解剖されていく。「身元の推定」は、身体の各部分をパーツ（腕、爪、肝臓、腹部の手術痕）に切り離し、それぞれについての「実証的」な情報を総合して、犠牲者のプロフィールを構成していく作業となる。また、時代的に見れば当然の手法といえるのかもしれないが、ここで「指紋」を採取している点も確認しておくべきだろう。「首無しの死体」の指紋は、「殺害現場」に残されたその痕跡と突き合わされることによって、犠牲者の（ひいては犯人の）身元を示す有力な手がかりとなる。すなわち、すでに制度化されルーティン化された科学的捜査の方法が動員され、それは顔を奪われた人間の正体を見事に割り出していくのである。

ところが、こうした「法医学」的手法がたやすく「犠牲者」の身元を割り出し、「犯人」の名を示唆しているにもかかわらず、「事件」そのものはまだ解決したとは見なされない（少なくともメグレにとっては「解決」したと思われていない）。デュードネとカラ夫人が犯行の主体であることがほぼ明らかになった時点で、メグレは「事件の解決がまだほど遠い」（一六八ページ）と感じている。誰がやったのかはわかった、しかし、事件はまったく解決されていない。この「落差」に苛立つところに、メグレという探偵の真骨頂がある。

メグレは、これも警察小説の一つの「定型」を反復するものであるのだが、最先端の科学的手法に頼らず、現場に赴き、足で捜査する古風な探偵である。では、右に見たような「科学的」手法に対して、メグレの方法とは何であるのか。「法医学のまなざし」に対して、メグレは何を、どのように見ているのだろうか。

もちろん、メグレが関心を向けているものもまた、容疑者や犠牲者の顔であり身体である。しかし、そのまなざしが対象を読み解いていくスタイルは、ポール医師のそれとは決定的に異なっている。メグレが注視しているのは、その人のそれまでの生活の履歴を刻印している「顔つき」であり、「身のこなし」である。社会学の用語を用いて、これを「ハビトゥス」としての身体と呼ぶことができるだろう。持続的な形でその人の行動や思考や感覚を方向づけている、その人の身に備わった性向。過去の社会化の経験のなかで形成され、身体化され、自覚的な反省以前に作動し、その人の振る舞いに傾向を与えるような型。それは、その人の生活の履歴に規定されながら、その人のその人らしさを、身構え、身ぶり、立ち居振る舞い、顔立ち、顔つき、面差しのレヴェルであらわにさせる。ハビトゥスとは、そのときまでのその人の生き方、生きてきた環境のありようを、いまここにある身体の所作のうえに表わしてしまうものでもある。その意味で、ハビトゥスは「身体化された歴史」、あるいは「身体化された物語」としてある。そして、それはしばしば、その人の階級的な帰属（あるいは出自）を示す強力な社会的記号となる。[2]

メグレは、この作品だけでなく、いたるところで常に、「ハビトゥスの観察者」であり、その卓越した「解読者」である。J・デュボアが指摘したように、メグレは「物として残された手がかりにはあまり信用をおか」ず、「反対に（略）身体化された手がかりに入れあげる」。「彼にとって、人々の肉体的な外観やその物腰は、常に記号が過去の痕跡として、またそれによって告白として読み取られるべく投影されうるようなスクリーンのごときものである[3]」。彼は人間の顔と体をまなざし、その動きのなかに、過去の生活の来歴を読み込んでいく。例えば、『深夜の十字路』で、若い娘エルスの身体がおのずからその正体を明らかにしてしまう場面。

> もうわかった。たったひとつの身ぶりがどんな言葉をあわせたよりも雄弁だった。服を脱ぎ、いま鏡の自分を見つめ、顔に水をかけようとしているときのそのやり方。
>
> (Georges Simenon, *La Nuit de Carrefour*, 1967, p.384)

探偵はここに、「素朴で俗っぽい、健康で悪知恵の働く娘の姿」(4)を読み取っていく。メグレにとって、他者のちょっとしたしぐさや表情は、ほかの何よりも頼りになる手がかりであり、その瞬時の把握のなかで、この探偵は他者の正体＝身元を暴き出していく。事件を明らかにするということは、メグレの場合、他者のハビトゥスを読み解き、他者の身体を通じて犯罪にいたるまでの物語を聞き取ることにほかならない。だからこそ、メグレは執拗なまでに「容疑者」に張り付き、言葉を交わし、じっと見つめ、しぐさや表情を引き出そうとする。出来事の痕跡は、そのように「動くもの」として身体のうえに現れる。

そして、同様の技法は、しばしば「犠牲者＝死者」に対しても適用される。メグレは、死に顔から、あるいは写真やモンタージュから、その人物の身のこなし、表情、そこに現れる出自や育ちの痕跡までをも想像裡に再構成していく。例えば、『メグレ間違う』では、アパルトマンの一室で殺害された若い女ルイーズ・フィロンの写真（その表情）から、彼女の生まれ育った境遇が読み取られ、さらには生きて動いていたときの立ち居振る舞いまでもが推理されていく。

この写真をとった夕暮れどきには、彼女はきっと元気にはしゃいでいたのだろうが、その写真ですら、彼女の顔付は陽気でなかった。メグレは彼女のような女、同じような境遇に生まれ、多かれ少なかれ似たような子供時代と生活を経験している女を大勢知っていた。そういう女のいく人かは騒々しいほどに陽気だったが、それが唐突に涙とか、反抗的態度に変わるのだった。

(G・シムノン『メグレ間違う』一九五三年、訳書九四ページ)

メグレは、彼女がリケ通りのホテルの一室やバルベス界隈のどこかの部屋で、ベッドに横たわって何かを読み、まどろんだり、青空の見える窓をながめている様子を思い描いた。十八区のどこかのカフェで、ピエロのような男が他の三人の仲間とブロットをやっている側で、何時間も坐っているところを想像した。またミュゼットで、深刻な、憑かれたような顔をして踊っているところも考えてみた。そして最後に、彼女が街角に突っ立って、ものかげで男たちを待ちうけ、つくり笑いを浮かべることもせず、男を案内して連れ込み宿の階段を上りながら、宿の女将《おかみ》に自分の名を叫んでいるところを思い描いた。

(同書九五ページ)

メグレの想像力は、死んでしまった女の表情の細部、ほんの小さな身のこなし方にまでおよぶ。そこまで肉づけされた形で他者の生を思い描くことによってはじめて、探偵は事件の真相(犯罪の物語）を把握することができる。事件の解決の鍵は、（犯人や犠牲者の）「ハビトゥス」の次元に現れる、他者の「同一性＝正体」を突き止めることにあるのだ。

『メグレと首無し死体』が象徴的な形で対照させているように、「法医学」的なまなざしは、他者の表情を無視して、客体視された身体を断片的な情報に解体し、これによって「司法的同一性」[5]を確定しようとする技術である。これに対してメグレは、徹頭徹尾、動き続ける身体の表層（しぐさや表情）に表れる「人間」としての同一性を透視しようとする。前者のまなざしが「顔」を剝奪しようとするものだとすれば、後者は、その「顔」を回復することに没頭しているのだといえるだろう。私たちはそこに、メグレの卓越性と通俗性を同時に見ることができる。

4　表情がない女

『メグレと首無し死体』では、犯人を特定する作業が順調に進んでいくなかで、一人「探偵」だけが苛立っている。その理由をあらためて考え直してみよう。

おそらくそれは、他者の顔を読むというメグレの方法が機能不全を起こし、彼の捜査が奇妙な行き詰まりに陥っていくからである。

初めて（電話を借りるために）〈シェ・カラ〉に立ち寄ったとき、メグレの分析的な視線は、目の前に現れた女主人アリーヌの顔を読み解こうと、早速に作動し始めている。

彼女はかつては美しかったにちがいない。とにかくみんなのように若いときがあったはずだ。いまでは彼女の眼、口、からだ全体に疲労の跡が見えた。彼女は病人で、発作の時間を予期しているのではないだろうか？　一日のある時間に痛みがはじまることを知っている病人たちは鈍そうな、同時に緊張した表情をしている。麻薬中毒患者が麻薬の時間を待っている表情に似ている。

（二七―二八ページ）

ここでのメグレの見方は、臨床医のそれに通じている。女の表情は、「発作を予期する病者」のそれに喩えられる。顔は、直接には見ることができない病理が「症状＝徴候」として浮かび上がる場所としてまなざされている。しかしそれ以上に重要なことは、探偵が他者の顔を、過去の生活の痕跡（「疲労の跡」）と、将来への予期（「痛みがはじまる」）とが同時に現れる場所としてとらえていることである。その意味で、顔は時間的な形象として、彼の目の前に浮上している。

ところが、このあとメグレは、この女の顔をなかなか読み進めることができない。アリーヌは表情を欠いた存在として、探偵の解読を拒んでいる。法医学的な手がかりから「居酒屋」があやしいと推理して、メグレがその女主人を思い起こしたときに彼が抱いた戸惑いの感情をたどり直してみよう。

「要するに、居酒屋《ビストロ》だな！」と、彼はつぶやいた。

この瞬間、彼は事件が今夜のうちに片づくのではないかと思った。今朝飲物を出してくれた、痩せた、褐色の髪の女のイメージが彼の記憶によみがえった。女はメグレに強い印象を残した。彼はその日二、三度彼女のことを考えた。必ずしもばらばら死体と関連づけてではなく、変わった人間であったからだ。

ヴァルミィ河岸のような区域には必ず変わった人間がいるものだ。しかし、この女のような気力のない人間に出会うのはめずらしい。うまく説明できないが、大部分の人は顔を見合せたとき、わずかであってもなにかが取りかわされる。そしてたとえ敵対的なものであっても、ある関係が生まれる。

ところが、この女の顔にはなにもあらわれない。彼女はカウンターに出てきても、驚きも恐怖の表情もあらわさない。ただ彼女の顔に読むことができるのは、決して消えることがなさそうな倦怠感だけだ。

あるいはあれは無関心さなのだろうか？

酒を飲みながら、メグレは二、三度彼女の眼をのぞき込んでみた。が、いかなる動きも、いかなる反応もなかった。

（五〇—五一ページ）

もちろんここにも客体としての顔があり、それは動いているし、喋ってもいる。そこにはある種の雰囲気（「倦怠感」）も漂っている。しかし、顔を合わせ、視線を交わしてみても、そこに「関係」を呼び起こすような「何か」が生じることはない。その意味で、アリーヌは「顔」がない女として現れる。メグレという「顔読み」のまなざしを無化する存在の登場。彼の苛立ちはそこに由来している。

だが、視点を変えれば、次のようにいうことができるだろう。この段階で、この捜査の賭け金は、彼女の「顔」を回復することに置かれたのである、と。その人間の過去を映し出し、それをまなざす他者とのあいだに何らかの「関係」を生み出すような「顔」を呼び戻すことが、物語の到達すべき地点となったのである。

したがってこのあと、メグレはただアリーヌの顔と身ぶりをじっと観察し続け、その無意味な表層の奥へ、その裏側へと入り込もうと試みる。彼のまなざしは、表層としての顔や体の奥に、「身体化された歴史／物語」を読み解こうとする。それは、他者による解読を拒み続けようとするアリーヌの身体との、静かな苦闘の様相を呈する。

もちろんメグレはすでに彼女の秘密の一つを発見していた（略）。

彼女は酒を飲んでいたのである。たしかなことは、彼女が決して酔わないし、自制心を失わないことだ。医者にはもうどうにもできない本物の酒飲みのように、彼女は自分の限度を知っていた。彼女は、メグレが最初に会ったとき当惑させられたあの夢遊病者のような無関心状態を維持するのに必要なだけ飲んだ。

「お年齢《とし》はいくつ？」と、メグレは女がカウンターのうしろにもどってきたとき、たずねた。

「四十一。」

彼女はためらわなかった。はにかみも、にが味も見せずに答えた。自分がそれ以上に見えることを知っていた。もうずっと前から他人のことなど気にせず暮してきたのだろう。他人の意見などどうでもよかったにちがいない。彼女の顔は色褪せ、眼の下には深いくまができ、唇の端は垂れ下がり、すでに顎の下はたるんで皺ができている。昔にくらべて彼女は痩せたにちがいない。いまでは大きすぎるそのドレスはからだにぶら下がっているようだった。

（六三―六四ページ）

この場面では、メグレはまだアリーヌの「歴史／物語」を読み解けていない。探偵が突き止めているのは、彼女が「無関心」であり続けるために、表情がない女であり続けるために酒を飲んでいるということである。彼女は、ある種の意志をもって「何者でもない」存在、誰かとの「関係」に入ることがない者であろうとしている。

人がほかの人と視線を交わすときに浮かべる表情には、その人が何者であるのか、何者として生きてきたのかが否応なく現れてしまう。その「何者か」としての現れが、ある「形」をもった関係を人と人のあいだに立ち上げていく。アリーヌがかき消そうとしているのは、そしてメグレが突き止めようとしているのは、こうして身体の表層に露出する「自己の履歴」である。探偵のまなざしは、居酒屋の女主人の「無表情」にはね返され、容易にその内側へと浸透することができない。

彼はこれまで何人も悪賢い女を見てきている。そのうちのある女は長い間彼に歯向かっていた。しかしそのたびに、彼はいつかはやりこめることができる気がしていた。時間の、忍耐の、意志の問題だったのである。

だが、カラ夫人にかんしてはおなじわけにはいかなかった。メグレには彼女をいかなる範疇にも入れることができなかった。平然と夫を殺し、料理場のテーブルの上でばらばらにしたのが彼女であると聞かされても、信じただろう。しかし、夫をそんな目に遭わせなかったと聞かされても、信じただろう。

彼女はメグレの前に、生身の人間として存在している。窓にかかる古びたカーテンのようにからだにぶら下がっている黒っぽいドレスを着、痩せて、色香も褪せている。だが彼女はたしかに実在している。その暗い瞳のなかに、内面の生活が強烈に反映している。しかし、彼女のなかには非物質的な、つかみどころのないなにかがある。（一二九ページ）

メグレは、女の「暗い瞳」のなかに反映する「内面の生活」を読み取ろうとする。しかし、彼はその正体を把握しきれない。彼女を「いかなる範疇にも入れること」ができず、したがって彼女が「殺人者」だということにも、「殺人者」でないということにも確信がもてないままである。そこで問われているものを、「物語としての蓋然性」と呼ぶことができるだろうか。この人であれば、こういうことをやっても不思議はないという「納得」をもたらすような了解の形。その人の物語として「ありえたであろう道筋」の追認。メグレはまだ、そのレヴェルでの他者理解に到達しえていない。アリーヌはいまだに解読不能な身体、物語としての同一性を映し出すことがない「不透明な身体」のまま、彼の前にある。

その「正体の不明性」において、アリーヌの身体は、「首無しの死体」として横たわる犠牲者のそれと対をなしている。この作品では、両者はいずれも「顔」をもたない存在である。頭部を切り取られて正体不明のものとなったオメールの「死体」は、「生身の人間として存在」しながらその顔貌に生の履歴を映し出すことがない女の、アレゴリカルな「うつし身」でもあるように思われるのである。

5 「顔」の現れ

メグレは待ち受ける探偵である。彼は、積極的に捜査をおこない情報（手がかり）を集めて回るのではなく、事件に関わる場所に立ち続け、人々の前にその存在を示し続けることで、何かが動き始めるのを根気よく待ち続ける。彼がそこに存在するということが無言の圧力となって、やがて誰かが行動を起こす。事件はしばしば、そのようにしてこらえきれなくなった他者の振る舞いを通じて解決されていく。

『メグレと首無し死体』でも、ついに待ち受けていた変化が起こる。アリーヌがその「顔」をあらわにする場面が訪れるのである。

その機会は、スーツケースの発見によって死体がオメール・カラのものである疑いが強まり、カラ夫人を拘留して取り調べる許可が下りたところに生まれる。メグレが警察署への同行を求めると、アリーヌはその準備に長い時間をかけ、がらりと印象を変えて警察官たちの前に姿を現す。

やっと彼女があらわれた。男たちはおどろいて彼女を見つめた。メグレの場合はそのおどろきに少しばかり感嘆の念が混っていた。

彼女は二十分もかからずに、風采をすっかり変えてしまったのである。いま、黒いドレスとコートを着ていたが、とてもよく似合った。髪をきれいに結い、帽子をかぶると、彼女の顔付はりりしかった。足取りも軽やかで、態度もしっかりしていて、高慢でさえあった。

彼女はこうした効果をあたえることを予期していたのか？　なまめかしさみたいなものがあるではないか？　彼女は微笑みもしなかったし、男たちのおどろきを楽しんでいるようにも見えなかった。ハンドバッグのなかに必要なものが入っているかをたしかめ、手袋をはめると、ただこうつぶやいただけだった。

「用意ができました。」

彼女からはオーデコロンとコニャックの入り混った思いがけない匂いが発散されていた。顔に白粉を塗り、唇に口紅をつけている。

（一三五―一三六ページ）

化粧をし、香水をつけ、ドレスとコートをまとい、帽子をかぶる。そのようにして「身なりをととのえる」ことによって、それまでは隠し込まれていた「りりしく」「軽やかで」「高慢で」「なまめかしく」さえある女の顔が浮かび上がってくる。それは化粧の効果であるのだが、逆説的にも「装う」ことを通じて、彼女は自らの「素性」をあらわにするのである。しかし、もとより「装う」とは対人的な身構えを獲得し、何者かとして社会的関係に参入していく振る舞いにほかならず、だからこそ彼女は、そこで過去に身につけた「ハビトゥス」を露呈することになるのだといえるだろう。

ここに垣間見られるものは、あとから振り返れば、彼女の「育ち」にほかならない。地方の金持ちの家に育った「娘」の、高慢で、なまめかしい「素顔」が、この「装い」に現れてしまう。そして、この瞬間にメグレは勝利をおさめたのだといえるだろう。そこに浮かび上がってしまった「顔」こそ、犯人たちが殺人を犯してまで隠し込もうとした「秘密」そのものだからである。あとは、彼女が「顔」を消し去って生きるようになった経緯、そこにいたるまでの物語が語られなければならない。既述のように、その語り部の役割は、彼女の故郷の村からやってきた公証人カノンジュによって担われる。

では、それはどのような物語だったのだろうか。

6　越境する人間

J・デュボアが指摘するように、シムノンの小説は常に「階級的な分節化」を前提に書かれている。

シムノンにおいては、すべてに先だって社会階級が存在している。階級は、現実の確かな与件であり、メグレはそこに一切の注意を傾け、それを社会性の顕著なしるしとみなす(6)。

ただし、彼の小説世界では、労働者はずっと労働者、ブルジョアはずっとブルジョアとして生き続けるのではなく、その仕切りを破り、境界を超え出ようとする者が現れる。その越境の企てこそ、シムノンが常に描こうとする主題である。そして、言うまでもなくその移動の試みは、平穏で幸福な出来事をもたらすわけではない。階級的構造は社会的世界を秩序化する強力な原理であり、その障壁を超え出ようとする者は「侵犯者」となる。「越境」は「侵犯によって危機を呼び起こす引き金として与えられる(7)」。

階級間の仕切りを超え出ようとする人間。越境の行為。階級的出自を異にする人間の混在。ここに、シムノンの小説を起動させる原点がある。そこに生じる矛盾やひずみが「不幸」をもたらし、ときには「犯罪」という形をとって露出する。そのとき探偵は、綻びを見せた「運命の修復人」として登場する。

越境の行為はもちろん、しばしば「上方へ」の移動の欲望によって引き起こされる。成り上がり、金持ちになり、有名になろうとする人々。社会的に承認された何者かとなり、自らの存在証明を果たそうとするエゴの力が物語を呼び起こす。しかし、シムノンの世界にはしばしば、何者かであろうとするためではなく、むしろ何者でもなくなろうとするために「境界」を超えようとする者が登場する。社会的な存在を投げうち、「何者かである」ことから「降りていく」ことを求めるかのような人間。例えば、『ヒュルヌの市長』(一九三九年)では、ベルギーのフランドル地方のある都市でタバコ産業を牛耳っていた男(彼はその町の市長でもある)が突然失踪してしまう。社会的に名をなし、その顔を知られた男が、世界から離脱しようとする。再びデュボアによれば、そうした「軌道からの逸脱」が投げかける混乱と謎にこそ、シムノンの世界を動かす「主要な問い」が向けられているのである。

シムノンの物語世界を動かしている主要な問いは、慣習の罠にとらわれていながら、ある日突然に方向を転換し、自分自身をとりもどすために姿をくらましてしまう人間のその力に向けられている。その問いは社会学が逸脱と呼ぶものと大きく関わっている。ただし逸脱は非常にさまざまな形をとってあらわれうるものである。すでに理解されるように、シムノンにおける逸脱者がありふれた犯罪者であることは稀であり、むしろそれは賢明な生活を送ることを宿命づけられていながら、突然にみずからの居場所を見失い、軌道を外れてしまう人間なのである。こつこつと積みあげられてきた人生の筋書きに、ふと疑念を呼び起こさせる何か。しかし、きちんとした生活を送っていた人々がたちまちのうちに離脱の道を選択するということを、本当に信ずることができるだろうか。(8)

ここには、近代社会が生み出したもう一つのエゴの形がある。すべての個人に、社会的な何者かとして存在証明せよと呼びかけるのが個人主義的・自由主義的なイデオロギーだとすれば、そのネガを形作るかのように、「社会的な何者かであれ」という要求からの離脱に存在を賭ける人間が登場してくる。そこには、ある種の「実存主義」的な感覚を見ることができるだろう。一切の「属性を剝いだ」「純化された」「裸の」存在であることを夢想する人間。あるいは精神分析学的に見れば、「タナトス」にとらわれた人間と呼べるかもしれない。いずれにしても、そこに一つのモダンな人間の姿が語られていることは疑いえない。

『メグレと首無し死体』のアリーヌもまた、その「離脱」を生きようとした人間である。

自分に与えられた社会的身分（地方の成り上がりの領主の娘、その遺産継承者）から逃れるために、わざと「下僕」の男と交わり、子をはらみ、村から逃げ落ちていく娘。それは、社会的存在としての自己を「無」に帰するための「下方への越境」の試みであった。

しかし、父の残した遺産は、そうして逃げ落ちたはずのアリーヌを追いかけ、投げ捨ててきたはずの「身元」をよみがえらせようとする。その運命を拒絶し、何者でもない存在、「裸の人間」であり続けるために、彼女は罪を犯さなければならなかった。捜査によって明らかにされたのは、「無」なるものへと向かおうとする逆説的な探求と、その情熱がついには殺人という出来事へといたる（半ば必然的ともいえる）筋道にほかならない。そして、メグレという探偵は、この「病的」な欲望にとらわれて「転落する」人々に、深い共感と敬意の念を抱き続ける。

メグレは、転落する人たち、とくに好んで自分を汚し、たえず下へ下へと転落することに病的なほど夢中になる人たちは、いつの場合でも理想主義者なのだと、これまでにもたびたび、経験豊かな人をも含めて、多くの人々に納得させようとしてきた。

しかし、それはむだなことだった。

（二一四ページ）

この「下へ下へ」と向かう欲望が最後に理想とするのは、自分の「顔」を消すこと。「何者か」であることをついにやめてしまうことである。アリーヌが、デュードネとともにオメールを殺すことによって、その死体を切り刻んで運河に投げ捨てることによって守ろうとしたのは、「無」である自分であった。

そうであるとすれば、メグレが捜査の果てにたどり着いたのは、アリーヌが消し去ろうとしていた「顔」ということになる。あるいは、彼女が「顔」がない女となり果てるまでの物語（来歴）というべきだろうか。

結論のアイロニーはまぎれもない。探偵は捜査を通じて犯人の正体を明らかにした。しかし、「犯人は何者であるのか」という問いに、その女は「今や何者でもない」」、「何者でもない者になろうとする人生を生きている」のだという答えが返ってくる。ここには、探偵小説というジャンルに通底する矛盾が露呈している。他者の正体を突き止めようとして、正体の不在（その人間は何者でもない）に突き当たる。同一性の確立のうえに秩序を回復しようとする試みは、それぞれの主体の「統一性は決定的に揺らいでいる(9)」という真実を明らかにしてしまうのである。

7 「顔」の回復＝物語の回復

それでもなお、探偵はそのつど物語を閉ざさなければならない。それが強引で暫定的な結論であるにせよ、探偵は犯人を名指し、犯罪にいたる経緯をつまびらかにしなければならない。

その企てが、メグレにおいては、他者の「顔」の回復を賭けた闘いとなる。探偵は何よりも、まなざし合い、面差し合うことによって、そこに「人間」と「人間」の関係を呼び起こすような「顔」を探している。あるいは、その現れを待ち続けている。そうであるとすれば、メグレが闘っている相手は、実は「犯人」ではない。「犯罪」として現れる「逸脱」や「侵犯」を罰することが問題なのではなく、むしろ一人の人間を「顔」がない存在に帰してしまう力こそが敵手なのである。そして、この小説が図式的に示すように、「司法的な権力」もまた、その「顔」を奪い取る強力な装置にほかならない。

だからメグレは、制度的な警察組織の一員であり、司法権力の手先でありながら、反権力的なにおいを発し続ける。『メグレと首無し死体』では、コメリオという判事が司法的なまなざしを体現するものとして登場し、犠牲者と犯人の身元が割れ、愛人関係が明らかになった時点で、もう事件は終わったと宣言する。メグレは、これに抵抗し、「動機」の解明がまだだと言って捜査の終結を遅らせている。

この「遅れ」のなかでメグレが確保しようとしたこと。それは、「情痴関係のもつれ」として処理されかねない「殺人事件」に「物語」を回復し、それによって犯人（アリーヌ）の「顔」を取り戻すことであった。このとき、「他者」を「他者」として存在させる営みは、「動機という物語」の発見と、「顔の回復」という二重の課題の接点で探求されている。制度化された動機の語彙（司法権力が犯罪者の動機を構成する際に用いる粗悪なカテゴリー装置）には回収できない、個別の行為の了解の可能性を、メグレは執拗に追い求める。そのような物語の再構成が、同時に「奪われた（失われた）顔」の回復の作業になる。それは、メグレの捜査にとっても、そしてシムノンの文学にとっても最終的な達成課題となっている。司法官であるメグレが、司法権力に抗って、すべての人間の固有の物語、固有の顔の回復に専心する。ここに「メグレもの」のユートピア性がある。犯罪の真相を明らかにしながら、その行為主体の固有の生に限りない敬意を差し向ける。「裁き手」でありながら、「救済者」の風貌を備えた探偵。

はじめに述べたように、そうした「メグレ」の通俗性は、「本格推理」に備わるゲーム的な魅力や、そこに醸し出される「酷薄なリアリティー」を削ぎ落とす結果になっているかもしれない。しかし、「人間」が「人間」のままでありうるというユートピアを体現する探偵として、彼はアナクロな英雄であり続けている。

＊引用作品
ジョルジュ・シムノンの作品からの引用は、以下の版による。

Georges Simenon, *Maigret et le corps sans tête*, Presses de la Cité, 1955.（ジョルジュ・シムノン『メグレと首無し死体』長島良三訳〔河出文庫〕、河出書房新社、二〇〇〇年）
Georges Simenon, *La Nuit de Carrefour*, *Œuvres complètes*, t. II, Rencontre, 1967.
Georges Simenon, *Maigret se trompe*, Presses de la Cité, 1953.（ジョルジュ・シムノン『メグレ間違う』萩野弘巳訳〔河出文庫〕、河出書房新社、二〇〇〇年）

注

（1）Alphonso Lingis, *Foreign Bodies*, Routledge, 1994.（アルフォンソ・リンギス『異邦の身体』松本潤一郎／笹田恭史／杉本隆久訳、河出書房新社、二〇〇五年、三一三ページ）
（2）Pierre Bourdieu, *Le Sens pratique*, Editions de Minuit, 1980.（ピエール・ブルデュー『実践感覚』全二巻、今村仁司ほか訳、みすず書房、一九八八—九〇年）
（3）前掲『探偵小説あるいはモデルニテ』一七〇ページ
（4）同書一七〇ページ
（5）渡辺公三『司法的同一性の誕生——市民社会における個体識別と登録』言叢社、二〇〇三年
（6）前掲『探偵小説あるいはモデルニテ』二三六ページ
（7）同書二五五ページ
（8）Jacques Dubois, *Les Romanciers du réel, de Balzac à Simenon*, Seuil, 2000.（ジャック・デュボア『現実を語る小説家たち——バルザックからシムノンまで』鈴木智之訳〔叢書・ウニベルシタス〕、法

政大学出版局、二〇〇五年、四〇六ページ）
(9) 前掲『探偵小説あるいはモデルニテ』二九八ページ

おわりに——脆弱な顔をさらしながら

私が他者について抱いている単純な知覚が、私をすでに呼び込んでいる。それは何らかの応答を要求する。それは私を導く。

（クレール・マラン『熱のない人間』[1]）

二十世紀のフランス文学を中心に、さまざまな芸術ジャンルに描き出された顔を精査した著作『顔のまなざし』の結論部分で、ジェルヴェ＝ザニンガーは、この時代の「顔の現れ」の特徴を「脆弱性（vulnérabilité）」[2]という言葉に集約させている。確かに、絵画や写真から小説や映画にいたるまで、私たちはいたるところに「歪んだ顔」「傷ついた顔」「うつろな顔」「脆く、崩れた顔」を見いだしてきた。現代の芸術表象の歴史のなかに、「毀損した顔」のコレクションを構成することができるほどである。それが、いつから、またどこで始まったのかを特定することは容易ではないとしても、この「脆弱な顔」の群れは私たちの時代をしるしづける表徴としての位置を獲得している。そして、傷ついた顔には、そのつど、この時代についての、私たちが投げ込まれている世界についての、危機の感覚が充填されている。私たちがこれまでに見てきた「顔をなくした者たち」の物語も、この危うさの感覚の表出の系譜のなかに置いてみることができるだろう。

「顔を奪われた者」「顔をなくした者」の登場。私たちはそれを「対面性の脆弱さ」のしるしとして読んできた。顔が見える。顔に応える。顔を差し出す。顔に表す。人と人とのごく当たり前の相互作用を支えている基本的な振る舞いが、どこかで成り立たなくなっているような、異様の空間。そこに「顔が見えない人間」が登場する。それは、もしかすると「二十世紀」という言葉で括ることができるような、比較的広い時間的な幅のなかで生じてきた出来事なのかもしれない。とはいえ、その「対面的関係」の脆さは、近年ますます強まっているように感じられる。私たちはますます「顔の見えない」時代に生きているように思えるのである。

序章でも触れたように、私たちの生活を支える新しいコミュニケーション技術は、現実に顔を合わせることを要求しない関係の領域を拡大している。「対面」が基本だというような感性を時代遅れにする新しい文化、あるいは文明の到来が迫っているのかもしれない。しかし、その一方で、「顔」はますます頻繁に、そして大量にメディア上に露出するようになっている。かなり多くの人々が、自分自身の顔写真をネット上にアップして、不特定多数の人の目の届くところにさらしている。犯罪事件が起きれば、いたるところに設置されたカメラの映像から、すぐに怪しい人間が特定され、瞬く間に面《めん》が割れてしまう。今日ほど顔がさらけ出され、まなざされる時代もないのかもしれない。一方での「顔の見えない関係」の拡大、他方での「顔の図像」の過剰なまでの露出。この二つの事態は反対のベクトルを示しているように見えながら、おそらく表裏一体の関係にあり、結果として、人と人が顔を見せ合い、まなざしを交わしながら関係を築いていく「文化」の基盤を掘り崩していく。もちろん、メディアがその趨勢の原因だというのは短絡的すぎる。むしろ、コミュニケーション環境をその重要な一部に含む技術的な規定力全体の配置が、「顔のやりとり」の

「自然」な成り立ちを難しくしているのである。

目前に人がいればおのずから顔が見え、そこからただちに「関係」が始まる。実際のところ、それを自明の前提に置いてしまうのは、いまやかなり迂闊なことだと思える。例えば、(筆者が身を置いてきた)社会学や心理学のある種の潮流――「相互作用論」――のなかでは、自己と他者が互いにまなざし合うという事態が認識の起点に置かれ、そこからすべてが始まると考えられてきた。「私」は、「私をまなざしている他者」の存在を認め、その他者の視線に映る「私」の姿を想像しながら、自己の像を送り返していく。この想像的行為の相互的な反復が社会関係を秩序化する基本過程だと、私たちは教わってきた。しかし、互いのまなざしが有効に取り交わされていくような対面的相互性の成立を起点に置いて、そこから社会的世界の構成を考えることは、すでにいささかナイーヴな態度になっているのではないだろうか。

いまや、私たちは、「顔は見えないかもしれない」というところから「関係」の成り立ちを考えていかなければならない。他者のまなざしが「私」に訴えかけ、これに応えなければならないというところから「すべて」が始まるわけではない。ときとして、何も語りかけることがない顔に遭遇する(それは、本来の意味での「顔」ではない)。あるいは、誰かに語りかけることができる「顔」をもてない(そこでは、「私」は本来の意味で他者の前に現れていない)。そのようなことが起こりうる世界で、「私」はほかの何者かに出会わなければならない。

そのとき、どんなふうに振る舞えばいいのだろう。

ナイーヴでアナクロな態度であることを承知で言えば、最も基本的な姿勢は、他者の前に身を置いて、見えなくなった「顔」の現れを待ち続けることだろう。「他者の他者」として「私」は存在する。これが私たちが学んできた基本命題だったのだが、それはもう自明の事実を指すものではなくなってしまった。だから、「私」の前に他者を呼び出すための、そしてその他者の前に「私」を存在させるための技法が要求される。それを学び直さなければならないところに、どうやら「私」たちは立っている。

「顔」はもはや、常に雄弁に何事かを語る確かな「現出」の場所ではない。「私」たちはおそらく、互いに脆弱な顔をさらしながら、「他者」の登場を請い願わなければならない。円滑で高速なコミュニケーションが理想化される時代に、何と鈍重な身ぶりが求められていることだろう。しかし、そのしんどい作業を引き受けなければ、「私」が人々の前に在ることさえできない。「顔をなくした者たち」の物語を読み進めてきて、あらためて確認されるのは、いささか気が重いこの事実である。しかし、「顔」を奪い取っていく力に抗する術がまったく失われてしまったわけではないだろう。ジュール・メグレのように、とはいかないとしても、まずは「顔」があったあたりにまなざしを投げかけること、そして待ち受けること。そんな単純な所作の積み重ねのなかで、私は、私を触発する何者かの到来に出会うことができるはずである。

注

（1）Claire Marin, *L'Homme sans fièvre*, Armand Colin, 2013.（クレール・マラン『熱のない人間――治

癒せざるものの治療のために』鈴木智之訳〔叢書・ウニベルシタス〕、法政大学出版局、二〇一六年、二四二ページ）

（2）Marie-Annick Gervais-Zaninger, *Au regard des visages, Essai sur la littérature française du XXe siècle*, Editions Hermann, 2011, p. 355.

あとがき

「顔の剝奪」あるいは「顔の不在」というテーマに出合ったのは、いまからもう二十年程前（一九九〇年代半ば）のことである。当時僕は、ジャック・デュボアの『探偵小説あるいはモデルニテ』（法政大学出版局、一九九八年）の翻訳に取りかかっていて、日ごろあまり読みつけない「探偵小説」の古典、なかでも「本格推理」と呼ばれる領域の作品を片っ端から読み飛ばしていた。翻訳上の必要からというよりも、「探偵小説」というジャンルがどのような時代的要請のなかで生まれ、発展し、確立していったのかを考えてみたかったからである。

そのとき、テクストのいたるところに現れる「死体」、とりわけその「顔」の描出がいささか異様なものとして目にとまった。殺人事件の被害者・犠牲者の遺体なのだから、凄惨な姿を見せていて当然だとも思えるのだが、それだけではどこか説明がつかない、さめた暴力性がその描写の裏側に張り付いているような気がして、少し寒々しい思いになったことを記憶している。しかし、その死者の相貌（あるいはその欠落）こそ、このジャンルの成立について何事かを物語る形象なのではないか。そんな思い付きから、死者の「顔」に向けられた「悪意」の痕跡をたどっていくという作業をおこなってみた。その結果が、本書の第1章に収めた一文である。

以来、ジャンルを超えて、文学作品（主としては小説）のなかに現れる「損なわれた顔」、あるいは「顔の欠落」が気になるようになり、そこに分析の糸口を見つける形で小論をつづってきた。本書は、このテーマに連なる論考をまとめたものである。

各章の初出は以下のとおりである（それぞれ、本書への所収にあたって加筆・修正をほどこした）。

第1章「〈顔〉の剝奪――探偵小説と死者の表象」「社会志林」第四十七巻第一号、法政大学社会学部学会、二〇〇〇年

第2章「剝離する〈顔〉――『国境の南、太陽の西』における「砂漠の生」の相貌」「明治学院大学社会学・社会福祉学研究」第百三十三号、明治学院大学、二〇一〇年

第3章「異邦の顔――多和田葉子『ペルソナ』（一九九二年）における他者の現れ（なさ）」「社会志林」第五十八巻第三号、法政大学社会学部学会、二〇一一年

第4章「引き裂かれた〈顔〉の記憶――林京子『道』（一九七六年）における死者の現れ」「社会志林」第五十七巻第一号、法政大学社会学部学会、二〇一〇年

第5章「〈顔〉の回復――他者の現れを待ち続ける探偵としてのメグレ」「社会志林」第五十六巻第四号、法政大学社会学部学会、二〇一〇年

しかし、それにしてもなぜ、これほど「奪い取られた顔」や「損なわれた顔」が気になったのだろうか。おそらく、一面では、そこに暗示されている事態がどこかで僕自身の日常的な感覚に呼応するものだったからである。実際、日々の生活のなかで、うまく人前に立てないという経験が、僕

には少なからずある。もちろん、物理的には他者に相対して、それなりにもっともらしい応答も返しているのである。しかし、実のところ「僕自身」は、自他の関係の場から脱落してしまって、話をしていても相手の言葉はよく聞こえていないし、目前の人がよく見えなくなっていることがある。相手の顔面も「物」として見えているのだけれど、「顔」として現れていない。その言葉も「音声」としては聞こえているのだけど、「声」としては届いていない。ごく間近にいながら、他者は「遠景」のなかにぼんやりと浮かんでいるかのようである。これではまずいと思えば、少し気合を入れて相手の顔をじっと見つめてみたりもする。しかし、「他者の前にありながら、実は対面的な関係に立っていない」ような、このひそかな「撤退モード」にいるほうが楽だと僕は感じているし、もっと言えば、それが「自然な」姿勢だという気もしている。裏を返せば、「人前に立って、互いに面差し合うような関係」に入るためには、いつもどこかで無理をしなければならない――「社交モード」に入るためのスイッチを入れなければならないのだ。放っておくと僕は「対面的関係」から退いてしまい、そこでは他者の顔も見えていないし、おそらくは僕自身もぼんやりとした顔になっている。

しかし、日常生活のなかに生じるこのぼんやりとした不安――「顔」が見えないという感覚――は、僕一人の個人的な資質や性格だけに由来するものではないだろう。一連の作品を読み進めるなかで感じ取っていたのは、人々の「顔」を奪い取り、その「表情」を欠落させるような力が、システムとして、あるいは暗然とした権力として作動するような世界に、僕たちは投げ込まれている、ということでもあった。そのシステムや権力の正体を明らかにするのは、容易なことではない。しかし例えば、医療の現場で医師が患者の顔を見なくなるという現象を考えてみよう。病む人が一連の検査データに変換され、コンピューターのモニターに現れた一連の数値だけが見られて、診断が下され、処方が決定される。このとき、病む人は顔を奪われている。その医師によって、というよりも、このような関係性を常態化する医療・技術環境によって、というべきだろう。そして、このシステムのはたらきは、突き詰めていけば、それぞれに「顔」をもって生きている市民の生《ビオス》を、人称的な属性を欠いた「肉のかたまり《ゾーエー》」へと転換させる「生権力」の作動形式に通じている。僕たちはいたるところで、「顔」を剝脱しようとする（しばしば隠微な）力のはたらきにさらされている。言い換えれば、「顔」の顕現やその欠落は、この社会的な力と各個人の生の接触面に生じる出来事でもある。そうであるとすれば、何が僕たちの「顔」の現れを妨げているのかを考え、ときにはそれと闘わなければならないだろう。

「顔」は「共在の器官」だと、本書で繰り返し論じてきた。しかし、そういっている僕が、顔と顔のやりとりから生じる濃密な関係をうまく立ち上げられていない。そのような「共在の場」から、おびえたザリガニのようにあとずさって生きている。この感覚が、どれだけ多くの人に共有してもらえるのか、正直なところよくわからないし、そんな自覚のうえに書き続けてきた諸論考が読み手の現実感覚にどれほど響くものなのかについても、強い自信をもっているわけではない。しかし、「共在の困難」というテーマは、さまざまな現れ方を示しながらも、少なくない人々の日常感覚に通じているのではないかと思う。他者の顔が見える。他者に自分の顔をさらす。そこからただちに豊かな人間的関係が始まるとは、簡単に言い切れないところに僕たちの日常はある。そこに人がいるということが「認識」のレベルでは確認されていても、互いに応答し合うべき「他者」としてその人が現れているかどうかは、いささか心もとない。だから、「他者に出会う」ということ、そこに「顔」としての「他者」が現れているということを、あやしみながら、確かめながら生きていくことがベーシックな課題になりつつある。あらためていま、そんな思いを強くしている。これについても、読者の率直なご感想やご批判をたまわれれば幸いである。

本書の刊行に際しては、『村上春樹と物語の条件――『ノルウェイの森』から『ねじまき鳥クロニクル』へ』（二〇〇九年）、『「心の闇」と動機の語彙――犯罪報道の一九九〇年代』（二〇一三年）に引き続き、青弓社の矢野未知生さんに大変お世話になった。いつもわがままなお願いを聞いていただき、感謝に堪えません。あらためてお礼を申し上げます。

二〇一六年五月

鈴木智之

[著者略歴]
鈴木智之（すずき・ともゆき）
1962年、東京都生まれ
法政大学社会学部教授
専攻は理論社会学、文化社会学
著書に『村上春樹と物語の条件』『「心の闇」と動機の語彙』（ともに青弓社）、『眼の奥に突き立てられた言葉の銛』（晶文社）、共編著に『失われざる十年の記憶』（青弓社）、『ケアとサポートの社会学』、訳書にベルナール・ライール『複数的人間』、ジャック・デュボア『現実を語る小説家たち』、クレール・マラン『熱のない人間』（いずれも法政大学出版局）、アーサー・W・フランク『傷ついた物語の語り手』（ゆみる出版）、共訳書にジグムント・バウマン『個人化社会』（青弓社）など

顔《かお》の剝奪《はくだつ》　文学から〈他者のあやうさ〉を読む

発行――2016年7月15日　第1刷
定価――3000円＋税
著者――鈴木智之
発行者――矢野恵二
発行所――株式会社青弓社
〒101-0061 東京都千代田区三崎町3-3-4
電話 03-3265-8548（代）
http://www.seikyusha.co.jp
印刷所――三松堂
製本所――三松堂

ISBN978-4-7872-9236-0 C0095

鈴木智之

村上春樹と物語の条件

『ノルウェイの森』から『ねじまき鳥クロニクル』へ

主要作品のなかから『ノルウェイの森』と『ねじまき鳥クロニクル』を取り上げ、記憶・他者・身体というキーワードをもとに、恐怖に満ちたこの世界を生き延びる作法を模索する。　定価3000円＋税

鈴木智之

「心の闇」と動機の語彙

犯罪報道の一九九〇年代

神戸連続児童殺傷事件などの新聞報道を追い、「心の闇」という言葉が犯罪や「犯人」と結び付くことで、私たちの社会に他者を排除するモードをもたらしたことを明らかにする。　定価1600円＋税

谷口 基

戦後変格派・山田風太郎

敗戦・科学・神・幽霊

作品の奇想、風太郎自身の敗戦の記憶や死生観・ニヒリズム、敗戦から高度成長へという時代状況の３つの視点から『忍法帖』などの作品を読み、「戦後変格派」として復権させる。　定価3000円＋税

野崎六助

ミステリで読む現代日本

崩壊感覚に包まれて生きることを強いられている現代日本。だが、現状に反比例してミステリは活況を呈している。このねじれが意味するものは何なのかをミステリ読解から問う。　定価2000円＋税